Florence Arthaud

Un vent de liberté

Préface d'Olivier de Kersauson

ARTHAUD

Toutes les photos du cahier hors-texte appartiennent à la collection personnelle de Florence Arthaud, à l'exception des suivantes :

Page 4 (en haut à gauche) : © Claude Rives / Marina - C.E.D.R.I.

Page 4 (en haut à droite) : courtesy Librairie nautique

Page 4 (en bas au milieu) et page 5 (en haut à gauche) : © Keystone-France

Page 5 (en haut à droite) : © Jean Guichard / Sygma / Corbis

Page 5 (en bas à gauche), page 6 (en bas à gauche), page 8 (en haut à droite), page 13 (en bas au milieu), page 16 : © Philip Plisson

Page 5 (en bas à droite) : © Éric Préau / Sygma / Corbis

Page 7 (en haut au milieu) : © Th. Martinez

Page 7 (en haut à droite et à gauche) : © Antoine Beysens (www.antoinebeysens.com)

Page 7 (en bas), page 8 (en haut au milieu et à gauche, en bas au milieu), page 13 (en haut à droite), page 14 (en haut à gauche), page 15 (en bas) : © Isabelle Bich / Zoko Productions

Page 9 : © Elias

Page 10 (en bas à gauche) : © Daniel Lamiraux - Dann Photographe, Val-d'Isère

Page 12 (en haut à gauche) : © Dupont Manuela / Gamma

Page 12 (en bas à droite) : © Bulka / Gamma / Eyedea Presse

Page 12 (en bas à gauche) : © Christian Boyer / Jours de France

Page 15 (en haut à gauche) : © Hugo Photographe, Val-d'Isère

87, quai Panhard-et-Levassor
75647 Paris Cedex 13

ISBN : 978-2-7003-0180-9

Sommaire

Préface

Florence,

Je t'écris de Polynésie, à deux mois de bateau de toi, et un peu plus encore s'il faut te chercher à Marseille.

Chez toi, il fait jour ; chez moi, la nuit vient de tomber au bout du ponton.

À l'heure où je griffonne ce mot, toi, tu finis ton livre.

Je me demande bien ce qu'il y a dedans.

Je me demande si tu parles de moi.

J'espère que tu es allée droit et vite, comme en mer, et que tu n'as pas tiré trop de bords.

Moi, je sème dans mes livres des moments de mon existence. Toi, je sais que tu décides de remonter le fil. Courageusement, comme tu es.

Je vais y retrouver nos courses, nos arrivées, nos beaux bateaux, nos amis, tous les coins du monde où nos sillages ont laissé d'invisibles lignes, qui relient nos équipages, nos destins, nos amitiés, qui nous attachent à nos ports, à ceux qui sont là mais loin, à ceux qui sont partis.

J'avais prévu une liste de compliments à te faire, mais je la laisse là, entre nous, et je te la lirai de vive voix.

Je t'envoie cette lettre chez ton éditeur. Je me suis dit que c'était le plus sûr endroit où te trouver en ce moment. J'espère qu'elle arrivera à temps, pour que tu la découvres dans ton livre, quand tu ouvriras le premier exemplaire, tout frais sorti de chez l'imprimeur, pour me le dédicacer.

Olivier

Trente ans déjà !

Trente ans déjà ! Trente ans à traîner mes guêtres sur toutes les mers du monde, tous les chemins, les routes, sur tous les bateaux, sur toutes les galères – à voile, de préférence –, des monos, des multis, des grands, des petits, en solo, en équipage, en double, équipière, et capitaine, le plus souvent. Trente ans de course et de vie tumultueuse, de joies immenses, de terribles déceptions aussi. Des naufrages, des victoires, de la passion, de jolis rêves, de belles émotions, des images magnifiques plein la tête.

Je suis aujourd'hui devant ma page blanche et la mer, qui elle aussi est blanche, tant le mistral est fort. J'espère qu'elle va m'inspirer. Je me jette à l'eau…

1

L'entrée dans la cour des grands

(1978)

Que pouvais-je bien avoir dans la tête avant le départ de la première Route du Rhum ?

Je ne m'en souviens pas, tout ceci est un peu loin. J'étais petite, pour décider de partir traverser l'Atlantique toute seule. J'avais vingt ans, et j'étais fermement déterminée à me mesurer aux meilleurs, sans aucune expérience du solitaire ni de la course au large.

En juillet 1978, sur le ponton du carénage, en Guadeloupe (la marina de Pointe-à-Pitre n'existait pas encore), je rencontre Michel Etevenon, l'organisateur et l'inventeur de cet événement qui va faire de la voile un vrai spectacle médiatique. Je devais avoir l'air d'une sale gosse, avec mes petites nattes, et j'ai pu deviner son inquiétude lorsque je lui ai annoncé mon intention de participer.

Je n'avais encore ni bateau, ni sponsor, ni même l'âge requis... Je le baratine un peu, en lui faisant croire que j'ai pas mal d'expérience en solo, mais je doute que cela le rassure. En tout cas, je suis résolue, et tenter de me dissuader est peine perdue.

Je viens seulement de traverser l'Atlantique en tant que skipper avec le bateau de mon père, afin de m'entraîner sur le parcours. C'est ma deuxième traversée. Je ne me destine pas du tout à devenir ce que je vais devenir. À l'époque, je veux être médecin ; chirurgien, plutôt. Je suis passionnée par la mécanique et je rêve de bricoler le corps humain. J'adorerais scier des os, rabouter veines et artères, visser des plaques en titane à droite à gauche, recoudre des plaies sanguinolentes (je suis bonne couturière, aussi), mais le destin en décide autrement... Ce sont des voiles que je vais recoudre et des bateaux que je vais bricoler et réparer.

Je fête mes vingt et un ans quelques jours avant le départ. Je suis la plus jeune concurrente avec Yves Le Cornec qui, lui, a bénéficié d'une dérogation. Il n'a que dix-neuf ans et demi. Son petit trimaran s'appelle d'ailleurs *Le Journal de Mickey* – Mickey, surnom qui lui restera. C'est comme si l'on avait fait l'école buissonnière pour participer à la Route du Rhum. Ils sont tous là : Colas, Kersauson, Riguidel, Fauconnier et, comme dit Renaud, ils « naviguent pas sur des cageots, ni sur des poubelles ».

La veille du départ, au briefing, la météo nous annonce du brouillard. Là, je commence à avoir peur. Je ne dors que très peu dans la nuit et, au lever du jour, l'angoisse me tord les boyaux. J'ai les guiboles qui flanchent, le cœur qui bat la chamade, et je tremble comme une feuille. Mon petit bateau, un Frioul 38 qui s'appelle *X.Périmental*, est loin d'être prêt lorsqu'on largue les amarres. Mon père pleure comme à chacun de mes départs depuis, et moi aussi. Il ne s'y fera jamais. Quant à ma mère, elle ne dort pas quand je suis en course. Aujourd'hui, elle ne veut même plus assister aux départs, et la meilleure nouvelle que je pourrais annoncer à mes parents, c'est que je renonce à mes projets de transats et de tours du monde.

La brume se déchire enfin pour faire place au soleil. Mais on sait que le temps va se gâter rapidement, et que le vent va rentrer fort. On ne s'attend pas à moins au mois de novembre en Manche.

Bye-bye Saint-Malo !

De nombreux spectateurs sont venus nous accompagner. Bientôt, nous serons seuls, seuls au monde. Il y a toutes sortes d'embarcations, et à la bouée du cap Fréhel, le seul point de passage obligatoire avant la Guadeloupe, j'entends leurs encouragements : « Allez Florence ! » Alors que je galère pour envoyer mon spi, il y a des nœuds dans la chaussette, ça coince, rien ne va plus… Enfin voilà : c'est parti. Le stress du départ a disparu. Je suis seule et libre, mon destin m'appartient. Je respire.

À la sortie de la Manche, le lendemain, je suis très bien placée : j'ai déboulé sous spi toute la nuit, scotchée à la barre, ne pouvant mettre le pilote. À cette allure, il ne tient pas. Les pilotes automatiques n'existent pas encore. Comme autrefois, on utilise des régulateurs d'allure qui marchent avec le vent. C'est assez rustique, et cela nécessite un réglage très précis et équilibré de la voilure.

Je n'ai pas serré la côte pleine d'écueils et de cailloux malsains pour y chercher des contre-courants. Les courants, je n'y comprends rien, encore moins aux contre-courants. J'ai appris à naviguer en Méditerranée. Je n'ai jamais vu de brume ou de marée. La veille du départ, je suis allée demander des conseils à quelques concurrents, et mon ami Philippe Poupon m'a gentiment offert *L'Almanach du marin breton,* qui indique les horaires de marée. Tout ça est technique, et je vous passe les détails…

Je me retrouve donc un peu zombie après cette folle nuit, mais une fois doublés Ouessant et ses cargos, les côtes disparaissent définitivement. Pas besoin de se retourner, c'est devant qu'il faut aller. Une fois en Atlantique, la route est libre, plus d'obstacle. L'horizon prend sa courbe, cap vers le soleil couchant, comme Christophe Colomb lorsqu'il partit rejoindre les Indes : « Nous ne pouvons pas faire demi-tour, il faut continuer vers l'ouest. L'homme a toujours peur lorsqu'il entreprend quelque chose pour la première fois. Bientôt vous serez des héros, car ce que vous aurez accompli, personne ne l'aura jamais fait. » Tout était dit. En mer, on n'a d'autre choix que d'avancer. On ne peut ni baisser les bras, ni renoncer.

C'est du mauvais temps qui m'attend. À force de réduire la toile, il ne me reste quasiment plus rien, et le vent forcit encore. Je suis obligée d'affaler le tourmentin – c'est une petite voile tempête, on dirait un string – et de mettre à la cape sèche pendant une heure. Autrement dit . le bateau, sans voile, se met en travers de la lame et, malmené par des vagues en cascade, il dérive très lentement. Tout s'arrête, à part le hurlement du vent et le grondement des déferlantes. C'est magnifique ! La mer est énorme et grise, le ciel aussi, gris sombre et tragique. Absolument diabolique, mais le spectacle est divin.

Je dois me cramponner pour rester debout. J'ai froid, et je suis trempée. Mon ciré est vieux et poreux. Les polaires et le Gore-Tex n'existent pas encore. Je m'en sors plutôt bien avec mon petit monocoque de onze mètres cinquante : je me retrouve cinquième ou sixième après ces premiers jours de course difficiles. Certains ont connu des avaries, d'autres ont dû ralentir. Je choisis la route orthodromique, c'est-à-dire la plus courte, mais la plus dure, celle des dépressions, et non pas celle de Christophe Colomb. La flotte se divise et s'éparpille. En mer, la route la plus directe n'est pas toujours la plus rapide.

J'aime déjà cette solitude que je dévore. Ne voir et ne parler à personne, prendre seule mes décisions sans aucun compte à rendre. J'aime ces nuits d'insomnie et ces petits matins qui en marquent la fin, j'aime ces journées qui se succèdent au rythme des manœuvres, des levers et des couchers de soleil, j'aime attendre que la lune apparaisse à l'horizon. J'adore cette immensité, je me sens exister pleinement.

La course m'obsède totalement, je ne pense qu'à ça. La marche du bateau, le réglage des voiles. Je barre beaucoup et je dors très peu, persuadée que les autres, mes concurrents, mes héros, sont des surhommes et ne perdent pas une minute. Je ne fais que de petits sommes et je grignote de temps à autre.

L'électronique du bord, qui devrait m'indiquer la force et la direction du vent ainsi que la vitesse du bateau, ne fonctionne pas. Je navigue donc au feeling, avec un petit brin de laine dans le hauban, « à l'estime » pour imaginer le nombre de milles parcourus en vingt-quatre heures et dans quelle direction moyenne, en tenant compte de la dérive du courant, même s'il est faible. Je fais le point au sextant, en utilisant les astres. Le soleil en général, plus rarement la lune. Je suis contente de constater que je suis assez bonne à l'estime, malgré tous les zigzags et les virements de bord.

Pour la météo, j'appelle mon père qui, tous les matins, va chercher le bulletin chez Météo France, sur les quais de la Seine. On communique par Saint-Lys Radio. C'est épique. Ils sont en veille à toutes les heures rondes. Après trois minutes qui sont réservées aux appels de détresse, il faut prendre son tour, comme on prend son ticket à la préfecture. Nos postes ne sont pas très puissants par rapport à ceux des cargos. On a du mal à se faire entendre et on est souvent les derniers de la liste. On écoute les conversations des marins du commerce avec leurs familles, leurs femmes et leurs maîtresses. En mer, pas de confidentialité. Les transmissions sont de mauvaise qualité, comme sous les tunnels, et je suis fréquemment obligée de monter sur le pont pour manœuvrer. Et là, il faut tout recommencer. Attendre la veille suivante, se farcir les conversations débiles… C'est rigolo, mais on a autre chose à faire. Les heures, les minutes de sommeil sont tellement précieuses. Tout ça pour avoir une idée de ce que le ciel nous réserve. Le ciel, Dieu ou bien le diable…

Ce poste radio représente le seul contact que j'ai avec la terre et les terriens, les seuls mots que je prononce dans la journée. Je ne suis pas encore gâteuse, je ne parle pas toute seule. Sauf quand je craque. Alors je pleure, je hurle et j'appelle ma mère : « Maman ! Maman ! », en sanglotant. Mais Maman n'est pas là.

Les opérateurs sont vraiment sympas. Ils ont toujours un petit mot gentil. Ils compatissent ; ils doivent avoir pitié de moi. À chaque fois, mon père m'annonce du mauvais temps, encore du mauvais temps, toujours du mauvais temps. « Cette fois-ci, c'est la dernière dépression, je te l'assure ! » Mais la météo n'est pas une science exacte – ça se saurait. Ma mère, elle, s'inquiète lorsqu'elle m'entend tousser, et me conseille de rester au sec. Super ! Je suis seule au monde.

C'est long, c'est dur. Je ne dors pas assez. J'ai perdu tous mes réveils après la première semaine – à l'eau ou en panne. C'est la cata. J'ai pensé que la course était foutue, que j'allais dormir trop, abandonnant le bateau au gré des flots. Terrible déception ! Pour m'assoupir, j'ai alors décidé de m'asseoir au fond du cockpit dans la position la plus désagréable possible, afin que l'inconfort ou une vague plus forte que les autres me sorte de mon sommeil. Grâce à cela, j'ai découvert mon rythme personnel. Trente-cinq minutes environ. Je regarde ma montre avant de fermer les yeux, et lorsque je les ouvre, c'est sur elle que se pose mon regard. J'ai continuellement peur de m'être endormie trop longtemps. Depuis, en mer, je règle mon alarme sur trente-cinq minutes de repos, qui me permettent de respecter mon cycle naturel et d'être « au top ». Quelques demi-heures par jour me suffisent. Bien sûr, je suis dans un état second. Mais j'aime ça.

Au bout d'un moment, trempée en permanence, dans le sel et dans l'eau, j'ai des boutons plein les fesses. J'aimerais tellement les faire sécher au soleil dans les alizés… Lorsque enfin j'y arrive, après vingt-quatre jours. Je voudrais me mettre le cul à l'air et le soigner un peu ! J'ai la peau à vif. Je n'ai pas de miroir non plus, je l'ai oublié. J'avais d'autres choses à penser. Je me mire dans la bouilloire en Inox qui me reflète une image un peu bizarre. J'ai envie de prendre un peu soin de moi. Seulement cinq minutes. Mais non, il faudra attendre l'arrivée.

La course n'est pas finie, même si, à présent, il fait beau et chaud, avec ce petit vent qui me réchauffe le dos. Mon fier navire file à vive allure. Il avale les milles qui me rapprochent de la délivrance. On doit avoir l'air de véritables clodos tous les deux. J'ai cassé ma bôme, l'ai rafistolée avec des bouts de ficelle ; quant à moi, c'est sûr, je ne ressemble à rien. J'ai maigri, je n'ai plus de forces, et je ne suis pas au bout de mes peines. Tous les jours, je dois monter dans le mât à la force des bras. Je suis vissée à la barre et n'ai plus le temps de téléphoner à mes parents ni de dormir quelques minutes. Je me fous pas mal de la météo, puisque je suis dans les alizés. L'expression « vogue la galère » prend toute sa mesure. On dirait que le sort s'acharne contre moi. Depuis le début, cette course n'est qu'une souffrance, et ça continue. Je vous passe les détails.

Depuis les Açores, je communique en VHF avec un camarade d'infortune. Nous devenons amis sans nous être jamais vus. On se conforte mutuellement et on se tire la bourre. On s'appelle pour un oui ou pour un non, on se raconte nos malheurs, ça fait du bien. C'est Bruno Peyron. Comme moi, il a eu des avaries et perdu beaucoup de temps. Je me demande la tête qu'il peut avoir. Je l'imagine petit, râblé, rouquin, barbu, fumant la pipe, tel un marin pêcheur irlandais. Je découvrirai à l'arrivée un magnifique jeune homme brun, grand, mince, au regard noir et perçant. Quelle intuition !

Mes parents, sans nouvelles, sont très inquiets. Les premiers sont déjà arrivés. On recherche Alain Colas, qui n'a pas donné signe de vie depuis une bonne quinzaine de jours. Depuis ce terrible coup de nord-est que nous avons essuyé sur la route nord. Il était parti avec une blessure au pied et devait se faire des piqûres tous les jours. Je le connaissais, car c'était un auteur de mon père, le grand concurrent de Tabarly. Il avait été sympa avec moi et m'avait proposé ses équipiers pour m'aider à préparer mon petit voilier. J'étais tellement à la bourre... Nous avions armé nos bateaux dans le même chantier, sur la Rance. Le sien était pourri : ses coques en aluminium étaient pleines de trous, bouffées par l'électrolyse. On ne le reverra plus. Disparu corps et biens, à tout jamais. La mer l'a englouti.

Puis l'île magique, la Guadeloupe, apparaît enfin à l'horizon, comme un mirage. Non, ce n'est pas une hallucination. Bientôt la délivrance ! On peut toujours rêver... Jusqu'à ce que la ligne soit franchie, tout peut arriver. Et ma dernière drisse casse. Je monte une énième fois dans le mât et, aux deux tiers, je fais une crise de tachycardie. Je me cramponne en espérant que ça passe, mais non. Il faut redescendre. Je m'allonge sur le pont quelques instants, en attendant que mon cœur retrouve un rythme normal, et je remonte.

Un petit coucou me survole. Je suis en haut du mât. C'est mon frère Jean-Marie et mes parents. Ma mère est folle d'inquiétude. Elle a peur que je tombe et me fasse dévorer par les requins. Il faut dire qu'elle est pied-noir. « Ma fille ! Ma fille ! » Et je dégringole. Heureusement, pas dans l'eau. Je m'arrête au-dessus du pont, la tête en bas, retenue par un cordage qui, par chance, s'est enroulé autour de ma jambe.

Il faut encore faire le tour de l'île par le sud et traverser le très fameux canal des Saintes, contre vents et courants. Mon mât manque tomber, et je dois relâcher aux Saintes pour réparer. Cela prend du temps et me coûte la première place de la catégorie des monocoques de moins de douze mètres. Allez, c'est la dernière ligne droite.

Le ciel est chargé de grains et de gros nuages sont accrochés à la Soufrière. L'île dégage une odeur de terre mouillée. Il fait nuit noire. Pas de lune. Dans mon bateau, c'est un véritable capharnaüm et ça doit sentir le phacochère. Je voudrais me faire belle pour l'arrivée, mais pas le temps. Je tresse une natte sur deux, je n'ai pas trouvé deux bottes de la même couleur, et je franchis la ligne avec une botte bleue et une botte jaune – mais de la même taille et à l'endroit. On n'ose pas me dire que Daniel Gilard, grand marin depuis disparu en mer, m'a devancée de vingt minutes seulement. Je suis donc deuxième de ma catégorie, onzième au classement général, et première femme ! La deuxième n'arrivera qu'une semaine plus tard. Pas mal pour une première fois.

Vingt-sept jours, presque vingt-huit, d'une formidable aventure qui marque ma vie tout entière.

Je deviens la « Petite Fiancée de l'Atlantique ». C'est ainsi qu'un journaliste de *France-Antilles* me surnomme, et ce surnom me suit toujours. Je suis encore trop jeune, sans doute, pour que l'on m'appelle la « Vieille Dame de la mer », mais ça me pend au nez.

À Saint-Malo, au départ, j'étais la fille à papa à qui l'on avait payé un bateau pour son anniversaire, comme si c'était un caprice. On ne misait pas gros sur moi. Ils pensaient tous que je n'irais pas loin. J'étais seulement la fille de l'éditeur Jacques Arthaud. Aujourd'hui, à Pointe-à-Pitre, on demande à mon père : « C'est vous le papa de Florence ? »

À présent, je fais partie de cette grande famille de marins, j'ai rejoint mes héros. J'ai gagné la première manche.

2

L'enfance heureuse

Depuis toute petite, je suis bercée par les récits de mer et d'aventure, de montagne aussi. Mon père étant éditeur, j'ai vu défiler à la maison tous ces auteurs au regard délavé, aux aventures lointaines, qui racontaient le souffle de la mer ou bien l'ivresse des hauts sommets.

J'ai eu une enfance heureuse, élevée entre deux garçons, Jean-Marie, de deux ans mon aîné, et Hubert, le petit dernier, de quatre ans plus jeune que moi. Si l'on oublie mes jupes plissées, mes cheveux longs et mon école de jeunes filles, j'ai grandi comme un garçon, genoux écorchés, chaussettes baissées. J'ai appris la couture et le tricot, mais je me bagarre comme mes frères, et je joue au ballon autant qu'à la poupée.

J'ai appris à marcher sur des skis et à nager sans bouée très tôt. Nous passons toutes nos vacances d'hiver à la montagne, et l'été en Méditerranée, où mon grand-père a une grande maison au bord d'une crique. Nous avons un petit ponton pour amarrer le bateau. On fait du ski nautique le matin sur une mer d'huile, avant que le vent se lève pour sonner l'heure du dériveur. Avec Jean-Marie, nous faisons toutes les régates entre Saint-Tropez et Saint-Raphaël. Hubert a lui aussi son petit bateau, un « minisolitaire ».

On est toute une bande, on se retrouve tous les ans. Les parents ne nous voient pas de la journée, et on rentre le soir tout salés, les cheveux mouillés, bien fatigués après de bonnes journées sur l'eau, cramés par le soleil. Nous ne faisons rien de mal. Nous jouissons simplement de cet air de liberté.

Nous avons des parents modernes. Ma mère a eu un bateau à Alger quand elle était jeune et se vante souvent d'avoir remporté trois années de suite la fameuse Coupe d'Alger. Au mois d'août, nous partons en croisière avec mon père.

À cette époque, passer ses vacances au bord de la mer est un vrai privilège : la Côte d'Azur est une destination de rêve luxueuse. La mer regorge de bons produits, et les parents partagent leur temps entre la pêche pour la bouillabaisse, les oursinades, la baignade et la pétanque chez leurs amis au moment de l'apéro, à l'ombre des pins parasols. Ce sont de vraies vacances, de quoi se faire de jolis souvenirs et entretenir des passions naissantes.

L'hiver, c'est Val-d'Isère, magnifique domaine skiable rendu célèbre par Jean-Claude Killy. Le ski avec Jean-Marie est intense : nous prenons la première benne le matin et fermons les pistes après avoir rayé la neige toute la journée. Nous faisons tout à fond. Il faut être bon partout et en tout !

Évidemment, la rentrée scolaire est toujours un peu dure. Le contraste est fort. Nous ne pensons qu'aux vacances ; à l'école, nous ne sommes ni disciplinés ni motivés. Mes frères se retrouvent donc rapidement en pension, après avoir écumé tous les établissements du XVIe arrondissement, des boîtes de jésuites, en général. Durant la semaine, je me retrouve seule à la maison, n'ayant jamais réussi à me faire virer de l'institut de La Tour, dont la directrice, mère Marie Saint-Yves, prend ma défense contre les professeurs au conseil de classe. Elle croit en moi. « Florence se réveillera dans les études secondaires ! » dit-elle à mon père qu'elle trouve charmant...

Ma seule échappatoire, c'est le Racing, où je cours faire du sport (natation, escrime ou tennis) à la sortie de l'école, et où je fréquente des garçons. La plupart des filles de La Tour sont un peu trop classiques pour moi, un peu trop « fifilles à mémères ». Mais j'y ai gardé quelques copines.

Nous passons tous nos week-ends en Normandie. Nous y faisons de grands travaux de construction. Jean-Marie a de l'or dans les mains. Il peut construire une maison, des soubassements jusqu'aux dernières finitions. Petit, il a passé des heures à fabriquer des maquettes de bateaux, qu'Hubert fracassait aussitôt, et qu'il s'empressait de réparer sans rien dire, avec une patience infinie.

Bref : nous avons tout. Les bateaux, les vélos, puis les mobylettes et les motos. Nous grandissons vite, à fond la caisse. Nous avons le goût du risque et des sensations fortes. Mes parents me récupèrent souvent à l'hôpital.

Et puis un jour, c'est beaucoup plus grave que toutes les fois précédentes. À dix-sept ans, juste avant de passer mon bac, je suis victime d'un terrible accident de voiture. Ma vie bascule. Fractures du crâne, hématomes au cerveau, paralysie, je ne suis pas bien belle à voir. Je suis même défigurée. Je passe six semaines à l'hôpital chez les grands traumatisés.

Mes collègues d'infortune ont entre quatorze et vingt-cinq ans. Eux non plus ne sont pas beaux à voir. Je suis la plus valide de tous – façon de parler ! –, la moins amochée. Il y en a qui sortent de deux ans de coma et autant de rééducation. Nous sommes tous victimes d'accidents de jeunesse à mobylette, à moto ou en voiture.

Il faut tout réapprendre. À marcher, à parler, à manger. Il faut retrouver la mémoire, se souvenir de la vie d'avant qui ne sera sans doute plus jamais la même. C'est à ce moment-là que j'ai compris la précarité de la vie, sa fragilité, son non-sens, son injustice parfois, et le combat qu'il faut mener pour rester digne face à elle. Le courage de tous ces mômes abîmés par la fougue d'une jeunesse qui n'a peur de rien fut pour moi une formidable leçon. À vingt ans, la mort ne fait pas peur, elle est totalement abstraite.

À la sortie de l'hôpital, je dois respecter une longue période de convalescence, en attendant que mon électro-encéphalogramme redevienne normal. Deux ans d'abstinence de tout, en vivant comme un légume, ou presque. Tout m'est interdit : la moto, le ski, le tennis, tous les sports, je n'ai même pas le droit de mettre la tête sous l'eau, donc pas de plongée non plus – tous les sports, sauf la voile.

Mon cerveau est au ralenti, il est impensable d'avoir mon bac. Je le décroche tout de même à la session de septembre et m'inscris en médecine. Être étudiante à Paris, c'est vraiment génial. Je sillonne le Quartier latin à mobylette, en cachette, de resto U en resto U. Je sèche pas mal de cours, et personne n'est au courant. Les médecins ont recommandé à mes parents de ne pas me contrarier, car je risque de graves crises d'épilepsie. On ne peut rien me refuser. Bref, je profite enfin d'une certaine liberté, et j'ai même le droit de sortir !

Pour la première fois depuis mon accident, je repars en voyage. Je suis autorisée à sécher la fac en pleine année scolaire – de toute façon, je n'arrive pas à me concentrer –, et nous partons en famille pour un long périple dans le Hoggar, de février à mai.

À peine le temps de revenir – j'ai encore des nattes touarègues et la peau bleue de l'indigo de ma tenue –, que mon père m'embarque à Plymouth pour assister au départ de l'Ostar, la Transat anglaise en solitaire (1976). J'ai goûté aux grands espaces du désert, et maintenant, ce sont ceux de la mer qui m'attirent. En voyant s'éloigner ces marins solitaires qui disparaissent au loin, je rêve un jour de découvrir moi aussi ce qu'il y a derrière l'horizon. Je n'ai qu'une envie : traverser l'Atlantique.

Mes parents m'autorisent à rejoindre Newport, que les concurrents vont atteindre d'ici trois semaines ou un mois. J'en connais quelques-uns, comme Marc Linski, qui a habité quelque temps à la maison pour finir son livre (*La Voile sauvage*). Il a créé une école de haute mer et a engagé dans la course un *team* de « guides de haute mer ». C'est tout à fait révolutionnaire. Les moniteurs ne sont autres que de vrais coureurs.

À l'arrivée, je fais la connaissance des marins de ce team. Alain Gabbay est le plus jeune. Linski, lui, a abandonné pour cause d'avarie. Je suis trop timide et n'ose pas demander un embarquement. Comment faire ? Je ne vais pourtant pas rentrer à la nage !

Je bois un café au yacht-club avec Gabbay, qui me raconte sa dure traversée. Jean-Claude Parisis, en s'asseyant à côté de nous, me regarde les yeux remplis de désir et me lance : « Mademoiselle, voulez-vous traverser l'Atlantique avec moi ? » Je n'hésite pas un quart de seconde. Il n'a pas vu de silhouette féminine depuis des semaines et me dévore du regard. Sa proposition est un peu malhonnête…

Il vient de remporter la transat dans sa catégorie de moins de quinze mètres sur *Petrouchka*, un magnifique voilier en aluminium brut qu'il a racheté à Linski. Il est guide de haute mer lui aussi et fait partie du team. C'est un phénomène, une force de la nature. Rien ne peut l'arrêter. Il est d'origine périgourdine et a quitté l'usine pour la mer. Mais il a gardé son côté rustique, paysan, qu'il s'amuse à exagérer. Il navigue en charentaises, a un sourire décapant. Il se détartre les dents à l'Ajax WC et se ronge les ongles des pieds. C'était un grand séducteur, à sa façon.

Il me fait traverser l'Atlantique pour la première fois. C'est un véritable déclic pour moi. Je découvre les journées rythmées par les couchers de soleil ou les levers de lune, le temps suspendu, l'éternité de ces moments. Les étoiles, le ciel immense, la courbe de l'horizon, le monde sans fin, le murmure de l'océan, la compagnie des dauphins, le souffle des baleines. Tout est nouveau pour moi, tout a changé. Je me sens libre et légère. La terre ne me manque pas. Je viens de faire connaissance avec mon jardin secret, mon univers à moi.

La mort dans l'âme, je retrouve les amphis, l'anatomie, la biologie. Le corps humain ne me passionne plus autant qu'avant, je rêve encore de nuits étoilées et du monde merveilleux que j'ai entrevu. Mes parents sont extrêmement réticents à l'idée de me laisser retourner naviguer avec Parisis. Il n'est sans doute pas le gendre qu'ils souhaiteraient pour moi.

N'en pouvant plus, un matin d'hiver, je jette mon sac sur mon épaule, et je m'engouffre dans le premier avion pour Nice. Jean-Claude enseigne la voile entre la Corse et Antibes, par tous les temps. Il m'apprend beaucoup. J'ai laissé à mes parents un mot sur mon oreiller, ne leur reprochant rien, mais expliquant mon besoin de respirer. Je suis décidée, rien ne m'arrêtera, j'ai dix-neuf ans, il est grand temps de prendre le large. Je ne sais pas très bien où cela me mènera mais, sans me poser trop de questions, je me laisse aller au rythme de la mer.

Depuis mon adolescence, je rêvais d'embarquer en course ou en régate sur de beaux bateaux. Pour de multiples raisons, ce n'était jamais possible. Je n'étais rien qu'une fille. Même à Auckland, où je vais aller rendre visite à Jean-Claude lors d'une escale de la Whitbread – la Course autour du monde –, la réponse sera « *Niet !* » Découragée, je remballe mes bottes et mon ciré, et pense en ruminant : « Puisque c'est comme ça, j'irai toute seule. Na ! » C'est à ce moment-là que je commence à réfléchir à la Route du Rhum.

Plus jamais je ne veux supplier qui que ce soit pour embarquer, et encore moins coucher pour cela. Les femmes à la cuisine, les mains dans la farine… c'est pas mon histoire !

3

Pas de femmes à bord !

(1979-1980)

On ne dit pas *coureuse*, pas plus que *marine*. À mon métier, pas de féminin. C'est vrai, ce n'est pas une vie de femme traditionnelle. Pas de maison, pas de cocon familial, pas de vie de couple non plus, certes ; mais au moins, pas de problèmes de ménage ni de train-train quotidien.

D'ailleurs, les femmes ont toujours été indésirables sur les bateaux – surtout si elles sont désirables. La promiscuité rend les choses délicates. Les hommes sont des hommes…

Autrefois, elles étaient même interdites à bord. On disait qu'elles portaient malheur. Les bateaux, pourtant, portaient souvent des noms de femmes ou de saintes. Ils étaient baptisés par une main féminine, arborant ses couleurs sur la mer, comme les chevaliers se battaient en défendant la bannière d'une jolie dame… Son foulard, son odeur, son souvenir.

Il est vrai que les conditions de vie des marins sont plutôt rustiques. Aucune intimité, pas de toilettes, pas d'eau pour se laver, et on pratique fréquemment la « bannette chaude ». C'est-à-dire que le quart descendant utilise la couchette du quart montant, virant carrément celui qui en sort, encore endormi, pour s'y jeter. La couchette est encore chaude, mais la plupart du temps humide, voire trempée. Quant aux odeurs… je vous laisse imaginer ! On partage tout. Pas un coin à soi.

Les conditions de vie, ou plutôt de survie, ont pourtant bien évolué. Aujourd'hui, nous avons des cirés étanches, des bottes, et des polaires qui ont révolutionné et très nettement amélioré le quotidien du marin. C'est mieux que les sabots et les couvertures de laine. À l'époque où les navires partaient en campagne de pêche durant de longs mois, et parfois même de longues années sur les mers hostiles du globe, les équipiers étaient « shanghaïés » le soir, ivres morts dans les bars. Enrôlés d'office, quasiment de force, ils se réveillaient un matin sur le pont, naviguant vers une destination lointaine et rugueuse pour la pêche à la baleine, sous des latitudes bien peu hospitalières. Le métier de « gazier » (équipier) était au plus bas de l'échelle sociale, le plus misérable, méprisable, le plus inhumain. Une vraie vie de gueux ! Mais c'était ça, ou mourir. Partir pour survivre. Et pourtant, de ces voyages, on ne revenait pas toujours.

Aujourd'hui, on retourne dans le sillage de ces marins, encore et toujours. Il n'y a plus rien à découvrir, mais beaucoup de choses à redécouvrir. Sur nos *racers* océaniques, plus rapides, de plus en plus rapides, on a des satellites, on réduit la taille de la planète, on a des coques et des mâts en carbone, on risque sa vie, on mange mal, on dort mal, mais on est les rois du monde. Le luxe de cette précarité, les nuits d'insomnie étoilées, les misères qu'il faut surmonter, la grandeur des océans, la rage des éléments, l'infini du cosmos, la solitude de l'être, la grandeur de l'âme... font de notre royaume le plus magique et le plus merveilleux de tous.

Ce sont les *Mille et Une Nuits* pour moi, et après ma première Route du Rhum en 1978, je ne songe qu'à une chose : repartir ! Je pense déjà à mon prochain bateau. Il m'en faut un plus grand.

La prochaine course, c'est la Transat en double *Le Point* Lorient-les Bermudes-Lorient, organisée pour la première fois par Gérard Petipas, fidèle ami et associé d'Éric Tabarly. On est vraiment au démarrage ou, plutôt, à l'explosion de la voile transocéanique, depuis la victoire de Tabarly en 1964 dans la Transat anglaise en solitaire, de Plymouth à Newport (Rhode Island). Moment historique, car depuis l'époque où Nelson a ridiculisé Napoléon à Trafalgar, les Français n'existaient plus sur l'eau face aux Anglais.

Après, il y eut Jean-Yves Terlain, avec son fier trois-mâts, *Vendredi 13*. La course au gigantisme commence. Alain Colas réplique avec *Club Med*, soixante-dix mètres et quatre mâts pour un homme seul. Ce sont les premières victoires des multis sur les monos.

J'ai la chance de vivre ces moments formidables de la course au large grâce à mon père, qui publie les récits de ces navigateurs fous. On est dans les années *Peace and Love*. Ils sont beaux, ils ont les cheveux longs, ils vont pieds nus et parlent de liberté, le regard lointain. Ils vont sur la mer à la recherche de vérité, comme Bernard Moitessier. C'est l'époque du retour aux sources.

Les courses se multiplient, et les sponsors se ruent sur cette nouvelle façon de communiquer, avec des voiliers et sur la mer. J'attrape le « train » en marche, je débute, et cherche un sponsor et un nouveau bateau. En attendant, il faut payer les traites de mon Frioul 38. Pour y pourvoir, j'enseigne la voile et j'emmène les stagiaires en haute mer. À la dure, et à l'ancienne ! Comme je l'ai appris, sans électronique. La « nav' » au sextant, les manœuvres à la voile dans les ports pour accoster (pas de moteur à bord). Certains pensaient faire du yachting et sont surpris.

Finalement, mon frère Jean-Marie rachète *X.Périmental*. Je touche des indemnités de mon accident et, avec le soutien de Biotherm, qui cherche à rajeunir son image, j'achète un nouveau bateau, qui portera son nom. Plus gros, plus rapide.

Il faudra que je lui coupe le nez de trente centimètres. Il y a une catégorie monocoque de moins de quinze mètres dans la prochaine transat, et le mien mesure quinze mètres trente. Il y aura aussi des multicoques, et Tabarly avec son hydrofoil *Paul Ricard*. On se souviendra d'ailleurs longtemps de son arrivée, coiffé au poteau après une double traversée de l'Atlantique non-stop par Eugène Riguidel et Gilles Gahinet sur *VSD*. Pour ma part, je finirai après quarante et un jours de mer avec Catherine Herman, ma copine et équipière. Nous sommes encore le premier équipage féminin. C'est une sorte de confirmation pour cette deuxième course.

On a rigolé, on en a bien bavé aussi. Il faudrait que je vous raconte, mais tout n'est pas racontable. Il faudrait un peu de poésie, *bordel* ! Ça y est, je parle comme un marin. J'ai les mains calleuses, je ne me lave pas tous les jours, mais… je me parfume. Je deviens un vrai loup de mer. Pas de maison. Je vis sur l'eau, un bandeau dans les cheveux, un anneau à l'oreille. Moitié beatnik, moitié pirate. Comme eux, citoyenne du monde. En mer, pas de frontières, pas de limites, une seule espèce : celle des marins. Un seul langage : celui de la mer.

Après, tout s'enchaîne. Les sponsors commencent à s'intéresser à moi : la petite jeune qui monte. Les magazines parlent de moi, il m'arrive aussi de faire des photos de mode.

Robert Hersant, le grand patron de presse, lance le *Figaro Magazine*. Il me propose alors de prendre la mer avec une blonde, une rousse et une brune, et de faire des reportages touristiques pour le journal, au fil de nos escales autour du monde. Je refuse. Je veux que l'on parle de moi pour mes performances, et pas simplement parce que j'ai posé en bikini sur des plages de rêve bordées de cocotiers. Il me dit : « Vous êtes comme ma fille, vous avez aussi mauvais caractère ! » Oui, je sais ce que je veux et, surtout, ce que je ne veux pas. Il ne doit pas y avoir beaucoup de gamines de vingt ans qui lui ont tenu tête, hormis sa fille et moi. Mais quelques années plus tard, Hersant acceptera mes conditions.

En attendant, on est en 1979, et après Biotherm dans la Transat en double, c'est le groupe Ricard qui me propose de financer ma Transat anglaise en solitaire. La fameuse, la vraie, la légendaire, celle qui m'a toujours fait rêver.

Mon bateau, toujours le même monocoque coupé à quinze mètres, est rebaptisé *Miss Dubonnet*. Le vieux slogan – « Du bo, du bon Dubonnet » –, encore visible dans certains tunnels du métro, doit être obsolète.

Me voici donc en tournée de promotion en France avec Ricard, aux côtés d'Éric Tabarly, puisque nous sommes dans la même écurie. Je me fais toute petite derrière lui, quand une femme journaliste l'interpelle : « Monsieur Tabarly, vous ne pouvez pas nier que les femmes peuvent rivaliser avec les hommes sur la mer. Florence l'a prouvé ! » Éric va se retirer de la transat à cause d'une blessure à l'épaule.

Il lui répond : « Madame, je vous assure que si je n'avais pas mal à l'épaule, je vous prouverais que les hommes sont plus forts, même s'ils honorent les femmes. » Et moi de me liquéfier derrière lui, afin de ne pas être obligée d'argumenter… Je suis gênée. Ce qu'il a fait lors de la transat, en 1976, aucune femme ne l'aurait fait, aucun homme non plus, sinon lui. Personne à part lui n'aurait pu mener seul *Pen Duick VI*, prévu initialement pour tout un équipage, jusqu'à la victoire. Je suis tellement intimidée par lui, le mythe, que je n'ose pas lui parler, ni même le saluer le matin au petit déjeuner. Il va finir par me prendre pour une bêcheuse ou une mal élevée.

Je me suis préparée à cette course et, comble du ridicule, je démâte au moment du départ, dans les dix minutes, juste avant de franchir la ligne. Tous mes espoirs sont brisés. Je pleure. Je ne peux pas m'empêcher de pleurer. Je fais la une des quotidiens avec mon mât cassé.

Dans la presse, on parle de la petite pleureuse. *Poor little Frenchie…* Je fixe d'un regard troublé par les larmes toutes ces voiles autour de moi, qui s'éloignent vers le large, en route vers l'Amérique. Elles rapetissent, rapetissent… pour finalement disparaître derrière l'horizon. Les brumes de l'Atlantique Nord, le mystère des bancs de Terre-Neuve, les icebergs, le rêve américain, tout ça ne sera pas pour moi, pas cette année du moins.

Je retourne dans le bassin de Millbay Docks, à Plymouth, envahie par une énorme sensation de vide, de solitude, mais pas celle que je recherchais. Je ramasse les débris du mât au milieu des carcasses de bagnoles et des tôles pliées qui bordent les quais. Il n'y a plus personne, la fête est finie, le spectacle est désolant.

Je rejoins Cherbourg sous gréement de fortune. Avec un bout de mât, quelques serre-joints et des voiles installées tant bien que mal à l'aide de bouts de ficelle. J'embarque à bord de mon vaisseau fantôme une jeune fille qui connaît les rudiments de la voile et qui rêve de naviguer avec moi. Elle se blesse à la jambe en arrivant à quai, voulant déborder avec son pied – chose qu'il ne faut jamais faire. Direction l'hôpital, elle en revient avec un plâtre.

De retour à Paris, mon sponsor m'annonce que je n'ai pas rempli mon contrat. En effet, il devait me verser 400 000 francs (61 000 €) pour prendre le départ de la transat, et j'ai démâté juste avant. Il me demande de rembourser. Je suis ruinée. J'ai tout investi dans mon bateau. Comment faire ?

Néanmoins, il croit en moi, me fait miroiter la construction d'un trimaran et me propose de participer à la prochaine épreuve en équipage sous son nom, gratuitement, pour effacer mes dettes. D'accord, mais difficile sans un sou en poche de racheter un mât, de nourrir toute une équipe pendant trois mois pour s'entraîner, et de transformer le bateau afin de le rendre plus léger, plus performant.

Pas de femmes à bord !

Je dois constituer un équipage féminin, c'est la condition – pour un départ au mois de septembre de La Baule, direction Dakar *via* les Açores, les Canaries et les îles du Cap-Vert, sans escales. Un sacré zigzag avant l'Afrique. Ma première recrue est une ancienne stagiaire qui s'était bien comportée en mer lors de la tentative du record entre la Guadeloupe et Saint-Malo. Nous avions subi une dépression tropicale avec des vents à quatre-vingts nœuds. Mes élèves me prenaient pour une folle. Malgré les voiles déchirées et un temps de fin du monde, je ne me décidais pas à mollir. Au contraire, je jubilais à la barre, en surfant les vagues. La seule qui restait sur le pont, en me ravitaillant en vitamine C pour ne pas que je m'écroule, c'était Anne, qui se découvrait ainsi une véritable passion pour la mer et les éléments déchaînés. Elle mesure un mètre quatre-vingts, bien costaude ! La seconde recrue, Jeanne, est de la même taille, les épaules carrées et, en plus, une super bricoleuse. Ça tombe bien. Nous n'avons plus qu'à relever nos manches…

4

Les petites voleuses

(1980)

Une joyeuse bande de filles – Jeanne, Anne, Nora (la dernière venue) et moi – s'installe à Cherbourg. On a du pain sur la planche : désosser le bateau et le relooker. Casser et enlever tout ce qui est superflu et fait du poids. J'adore attaquer à la masse !

On habite à bord. On met un peu le feu, le soir, à la boîte du casino, en échange de quelques gin-tonic. Lorsqu'un garçon invite l'une d'entre nous à dîner, on déboule à quatre... Inutile de dire que nous ne sommes pas souvent réinvitées !

Mais c'est la dèche. Nous avons à peine de quoi nous nourrir. Alors, nous commençons à chaparder un peu au supermarché du coin. Pour me rendre à un rendez-vous à Paris avec mon sponsor Ricard, je dois m'y prendre deux jours à l'avance : en mer comme en stop, on sait toujours quand on part, et jamais quand on arrive... Ce qui fait, d'ailleurs, relativiser beaucoup d'événements dans nos vies de terriens.

Un jour, je prends la route de Cherbourg à Paris avec Nora. La nuit tombe. Nous sommes prises en stop par un camionneur et marchand de légumes au regard légèrement lubrique, qui nous laisse au bord de l'autoroute à un embranchement. Nous sommes à l'orée d'un bois. Le vent agite les branches des arbres, et leurs ombres nous guettent. Décor hitchcockien. Nora me demande : « Tu crois qu'il vaut mieux se faire violer ici ou quelques kilomètres plus loin ? » Marchons ! Nous nous enfonçons dans la noirceur de la forêt. J'ai peur des loups-garous et n'ose pas regarder autour de moi. On marche, on marche... Soudain, une voiture s'arrête devant nous dans un crissement de pneus terrible. Je dis à Nora : « Il est fou celui-là ! » Et après avoir découvert son visage dans la pénombre, alors qu'il ouvre sa portière, j'ajoute : « Il a une sale gueule, ce type. On ne monte pas avec lui ! » Ce type, c'est en fait mon fiancé, Alain Gabbay. Il est venu me rendre visite depuis La Trinité, il nous cherchait à Cherbourg, puis sur la route de Paris, sachant que nous y faisions du stop. Incroyable qu'il nous ait retrouvées sur le bas-côté.

Changement de direction, il nous emmène à La Trinité-sur-Mer.

Et là, je découvre le charme de ce petit port breton. La maison de Jean Le Rouzic, dit « Jeannot » ou encore le « bon docteur », est ouverte à tous. C'est le fief des marins au retour de leurs campagnes : les Poupon, Riguidel, Gabbay et ses gaziers, Lamazou, Mickey. Il y a des filles aussi. Notre bon docteur est à l'affût du moindre détail de la vie de ses hôtes. Qui couche avec qui, les couples qui se font, se défont... Tout cela le préoccupe énormément. Rien ne lui échappe. L'été, l'ambiance est torride. Les soirées finissent tard, et l'on est souvent une vingtaine à table. Nous avons de beaux bateaux, mais pas de maison. C'est la vie en communauté.

Je ne suis pourtant pas de très bonne humeur, triste de ne pas être en mer. Je trouve les Bretons un peu rudes et peu bavards, les paysages monotones et fades, et la mer sent le varech. Rien n'est aussi joyeux qu'en Méditerranée, ni aussi somptueux que les Alpes enneigées, ou le Monte Cinto qui surplombe la Belle Bleue. Finalement, l'ambiance festive me déride peu à peu. La vie du « kibboutz » m'enchante. J'y reviendrai tous les week-ends, et les amitiés que je lie à cette époque resteront à jamais les plus fraternelles. Les plages brumeuses du golfe du Morbihan commencent à m'enchanter. La mélancolie de ses pastels m'imprègne et m'emporte. La Trinité-sur-Mer est le fief de Tabarly, de Colas, de la famille Kersauson, et de la plupart des grands marins de ce temps.

Pour autant, préparer une course sans un sou, ce n'est pas évident. Nous continuons à chaparder – même les petites culottes. On en a des sacs pleins dans le cockpit. Ce qui nous vaudra un jour un grand pavois de culottes, réalisé par Kersauson en notre absence. Une rose, une blanche, une jaune, une bleue et encore une rose...

Mais comment faire pour l'approvisionnement nécessaire à sept personnes pendant trois semaines ? Où trouver la peinture pour repeindre tout l'intérieur du bateau en rose ? Comment payer un nouveau mât, sinon en s'endettant davantage ?

Pour la bouffe, je me lance. J'ose aller demander au directeur de l'hypermarché de nous faire cadeau de l'avitaillement. Je suis habillée en guenilles, et on dirait Cosette. Il devrait avoir pitié, s'il a un peu d'humanité... Je ne sais pas s'il sait. Les filles se sont fait attraper une ou deux fois en mon absence, trop gourmandes. Mais j'y vais au culot, et il accepte. Je lui propose en échange un peu de publicité sur mon spi. « Surtout pas, me répond-il, je n'en veux pas ! Je ne souhaite pas que ça se sache auprès d'autres marins... » Sous-entendu : d'autres marins de votre espèce, et prenez ce que vous voulez, puis disparaissez !

Ouf ! Ça a marché. On peut partir. L'équipe est au complet. Nous serons sept jeunes et jolies filles à bord. La plus âgée, la « vieille », n'a que vingt-sept ans, la plus jeune dix-neuf, et moi bientôt vingt-trois. Cela n'a pas été facile, évidemment. Elles se sont chamaillées pour des histoires de filles, et il y a eu quelques chamboulements dans les équipes. Certaines ont débarqué après une prise de bec, mais ont été rapidement remplacées. Ah, les gonzesses...

Il y a d'autres équipages féminins. Nous partons en combinaisons roses par un beau soleil et une jolie petite brise. Tout se passe plutôt bien. Les choses prennent leur place, les filles aussi. Nous n'avons pas eu beaucoup de temps pour nous entraîner, mais j'ai quelques bons éléments. Pascaline, surtout, une copine du bon docteur et de toute la bande. Je peux compter sur elle, et nous devenons très proches. Je ne l'ai pas « shanghaïé », mais quand même recrutée dans une soirée.

À part les menus, pas très variés, et une voie d'eau importante, TVB (« tout va bien »). Notre mécène nous a surtout ravitaillées en purées déshydratées. Même en essayant d'en diversifier l'assaisonnement, nous finissons par nous en lasser. Et puis nous en avons assez d'écoper toujours plus pour ne pas couler. On se relaie à la tâche, on survit, et on comprend l'utilité d'un seau à bord. Il faudra attendre l'arrivée pour rêver à mieux.

D'ailleurs, à l'approche de Dakar, c'est-à-dire juste après avoir viré l'île de Sal – magnifique, désertique, bordée d'un lagon idyllique, comme sur les cartes postales –, j'ai du mal à capter l'attention des filles. Elles se préparent. Il y a des cotons à démaquiller plein le bateau. Elles n'en finissent plus de se laver, de se peigner, de se coiffer, se recoiffer, se faire belles pour plaire à l'arrivée.

Nous terminons encore premier équipage féminin et sommes très bien accueillies par les garçons, qui nous attendent de pied ferme. Arrivée très réussie ! Les autres devront se contenter des miettes ; elles n'avaient qu'à aller plus vite.

Je souffle mes vingt-trois bougies dans la joie avec tous mes amis, ma nouvelle famille. Je dévore la vie à pleines dents. Je ne dépends de personne, je parcours le monde et les océans, allant d'île en île, n'écoutant que la mer, mon instinct et mon cœur qui bat la chamade. En plus, j'ai un métier. L'école de voile me permet de payer mes dettes, de naviguer onze mois sur douze et de vagabonder de-ci de-là, entre les Antilles et la Méditerranée.

Les hommes ont d'abord un peu de mal à me respecter comme « seul maître à bord après Dieu ». Il faut qu'ils aient eu un peu peur, appelé leur mère très fort et beaucoup vomi à fond de cale pour me considérer enfin autrement, après la première tempête.

Au départ de ma première Route du Rhum, des militantes du MLF sont venues à ma rencontre. Elles auraient aimé faire de moi leur porte-drapeau. Je ne comprenais pas très bien leur discours, n'ayant pas jusqu'alors eu à me battre pour les droits des femmes, contre la misogynie. À présent, je comprends mieux. Me battre, ça ne me fait pas peur, loyalement et à armes égales. En revanche, j'exècre la mesquinerie.

On dit que les marins sont machos. Il n'en est rien. La navigation est un sport sensuel. Un art de vivre, une vraie philosophie. Les marins de tous genres aiment les femmes – ils en sont privés si souvent. Ils ont le goût de cette harmonie entre la violence et la grâce.

Et puis je retourne à Paris à la fin de l'année 1980. Je vends mon bateau qui prend l'eau à mon frère Jean-Marie (c'est le deuxième que je lui vends ; je lui vendrai aussi *Biotherm II*). Je viens de faire un an d'école de voile, j'en ai marre. J'ai envie d'un multicoque, même si la Twostar – la Transat anglaise en double – approche, une course où les monocoques ont encore leur chance. Elle suit le même parcours que l'Ostar, à laquelle je n'ai pas pu participer pour cause de démâtage.

Un bateau est à louer. Il peut gagner sur ce parcours contre vents et courants sur l'Atlantique Nord, au louvoyage. C'est l'ancien *Kriter V* de Michel Malinovsky, le célèbre second à l'arrivée de la Route du Rhum de 1978, devancé de quatre-vingt-dix-huit secondes seulement par Mike Birch.

Les promesses de Ricard s'avéreront être des promesses de Gascon… Il me faut un nouveau sponsor, un nouveau bateau, une autre course. Des rêves, des projets, j'en ai plein la tête. En pagaille.

5

Les monos ne sont pas morts, mais vive les multis !

(1981-1982)

Les monocoques ne sont pas morts ! Nous sommes plusieurs à le penser. Il y en aura quatre de vingt à vingt-deux mètres au départ de la Twostar, prétendant à la victoire : Alain Gabbay et son équipier, Dédé Berranger, sur *Charles Heidsieck III*, Malinovsky sur son nouveau racer *Kriter VIII*, les Italiens Bacilieri et Valin sur *Faram Serenissima*, François Boucher et moi-même sur *Monsieur Meuble*. Nous partons tous pour la première place des monocoques, au moins.

Monsieur Meuble et *Charles Heidsieck* sont au corps à corps depuis le départ à Plymouth. À vue tout le temps, nous régatons mètre après mètre. Mais nous caracolons en tête. Si je perds quelques longueurs, je pleure, tant la pression est forte. Boucher me console souvent, Gabbay aussi. C'est le comble : mon concurrent me rassure… « T'inquiète pas Mimine [les filles m'ont surnommée comme ça, et depuis, c'est resté] ! La course est longue. » Pourtant, impossible de les décoller vraiment, dans la brafougne, la pétole, sous spi, à toutes les allures... Même la nuit, tous feux éteints, dans le brouillard, rien à faire. Aucun moyen de s'en défaire.

À l'entrée des bancs de Nantucket, nous nous séparons enfin. Gabbay choisit le sud, et nous de couper au milieu des hauts-fonds dans la brume épaisse. On surveille le sondeur : à certains endroits, il ne reste plus que vingt centimètres d'eau sous la quille. L'ambiance est moite. On distingue à peine l'avant du bateau. On entend le moteur des chalutiers autour de nous, sans les voir – le coin est très poissonneux.

Dans le rail de Boston, la corne de brume d'un cargo se rapproche dangereusement de nos oreilles. Nous n'avons pas de radar ; eux, oui. Normalement, ils sont prioritaires, mais nous croisons leur route à la voile. Cela ne se fait pas, mais on est en course... François allume un fumigène. J'ai les jambes qui tremblent à la barre. Le bruit du moteur se rapproche, la collision avec le vaisseau fantôme est imminente. Lorsque soudain, nous distinguons la lueur de la passerelle droit au-dessus de nos têtes. Ouf ! On est passés au ras.

Seize jours, trois heures et cinquante-six minutes – deux jours après les premiers –, nous arrivons finalement sixièmes, et deuxième monocoque, suite à une histoire douteuse, car personne n'a vu dans le brouillard le premier monocoque (*Faram Serenissima*) couper la ligne, alors qu'il accoste six heures après nous à Newport. Mais les règles de la voile sont basées sur le *fair-play* et la parole. Nous ne réclamons donc pas.

La prochaine fois, j'irai avec un multicoque. Car les monos, eux, ont une quille, trop lourde à traîner.

Après cette Twostar, François Boucher rentre avec Marc Pajot (qui a fini la course deuxième sur *Elf Aquitaine*) pour tenter le record de traversée de l'Atlantique, encore détenu par Éric Tabarly. Ce dernier avait battu la goélette qui détenait le record depuis soixante-quinze ans... À l'époque (en 1905), le capitaine Charly Barr avait cadenassé les drisses pour que les gabiers ne soient pas tentés de réduire la toile. Il fallait aller vite, pour être le premier à vendre sa cargaison. Depuis le début du siècle, aucun bateau n'avait pu égaler les performances des vieilles goélettes de la marine marchande. Mais aujourd'hui, avec les multicoques, une nouvelle ère est née. C'est pourquoi il m'en faut un pour ma prochaine transat !

Je fais mes armes en traînant mon sac, d'un bord à l'autre et d'un port à l'autre, avec ceux qui veulent bien m'embarquer. Je découvre de nouvelles sensations et la glisse. Adieu l'école de voile. Ras-le-bol !

J'ai vingt-quatre ans et beaucoup de chance. Biotherm a envie de renouveler notre collaboration, et moi de jouer dans la cour des grands. Ils m'offrent un bateau neuf, un trimaran de dix-huit mètres. Ce sera *Biotherm II*. C'est mon quatrième bateau, mais le premier conçu spécialement pour moi. Xavier Joubert, qui a aussi dessiné celui de Kersauson, en est l'architecte. Je n'y connais pas grand-chose à ces oiseaux bizarres, mais je choisis une belle couleur turquoise.

C'est à l'arsenal de Brest – un univers un peu particulier – qu'il est construit, avec la collaboration du département « pales hélicoptère » de la SNIAS (Société nationale industrielle aérospatiale). Grâce à eux, nous testons de nouvelles technologies, éprouvées également sur le bateau d'Olivier. Le problème des trimarans, c'est qu'ils subissent des torsions terribles en épousant les mouvements de la mer. En général, ils cassent aux bras de liaison, c'est-à-dire au niveau de la jonction entre les coques, les flotteurs et les bras qui les relient entre eux.

Je suis hospitalisée à Marseille pendant la construction, et je manque mourir. Les infirmières essaient de me persuader de renoncer à la Route du Rhum. On m'a ouvert le bide en deux pour me sauver d'une péritonite. Il était temps : j'étais déjà dans le coma. Heureusement que ce n'est pas arrivé en mer ; je ne serais pas là pour vous le raconter. Ma bonne étoile m'a protégée, et le diable n'a pas voulu de moi ce jour-là.

Je viens de m'engueuler avec Joubert, l'architecte. Je n'ai qu'une envie : sortir de cet enfer. Je suis désemparée. Patrick Maurel, un des meilleurs amis de Gabbay, me rend une visite amicale à l'hôpital et promet de venir à mon secours. Lorsqu'il arrive à Brest, au Bar de la gare où nous buvons le café de bienvenue, il est pourtant prêt à repartir immédiatement. Un brouillard épais pèse sur la ville, tout est gris, glauque. Il hésite cinq minutes, mais il n'a pas le choix : il a promis. Il est perplexe, mais finalement, il reste. Il est marseillais, je suis parisienne, et lorsque je lui présente les Brestois de l'« Arsouille » (c'est comme ça que l'on appelle l'Arsenal) qui mettent toute leur âme à construire cet étrange navire à trois pattes, il se retourne vers moi : je sais qu'il est pris au piège, sous le charme. Même si nous ne comprenons pas toujours leur fort accent, nous sympathisons. Ils sont curieux et très motivés. Dans tous les ateliers, ils bichonnent les pièces de mon futur bateau. Ça a l'air plus drôle que de construire des bateaux de guerre...

L'endroit est très privé, on y accède en montrant patte blanche. Je suis identifiée à ma minijupe – c'est mon laissez-passer. On sème un peu la pagaille dans l'ordre établi de la Marine nationale, mais elle a le temps, elle n'est pas débordée.

Brest me semble austère, au début. C'est une de ces villes bombardées pendant la guerre et reconstruite dans l'urgence, sans aucun souci esthétique. Un endroit sans charme, que personne ne peut aimer. Pourtant, je m'y attache. Sa rade est, pour moi, un des trois plus beaux endroits que je connaisse sur cette planète, avec la rade de Marseille et la baie de Cook, en Polynésie. Les lumières, la violence de ces côtes m'ont totalement anesthésiée, et l'histoire engloutie de leurs marins trépassés, l'envoûtement des sirènes auxquelles personne ne résiste, les calvaires qui bordent chaque plage, chaque cap, chaque cimetière... Dans le moindre recoin de ces rivages sauvages se blottit une petite chapelle. Leurs ex-voto racontent des histoires de tempêtes et de naufrages, de marins rescapés échappant à la noyade et à leur destin de chien. Ça me bouleverse et m'émeut. L'ambiance des côtes déchiquetées est chargée de mystère. Les superstitions de marins m'ont longtemps poursuivie. J'aime le souvenir de leur histoire. On dit que les âmes des marins disparus étaient emmenées par des barques fantômes vers l'ouest, vers un nouveau purgatoire...

Tévennec est un petit îlot bordant le raz de Sein, au sud de Brest, mal pavé, peuplé de fantômes. Un très fort courant vous y entraîne inexorablement, ce qui représente un réel danger pour la navigation. On y érigea un phare, mais jamais un gardien ne put y rester. Tous ceux qui s'y sont essayés sont devenus fous, poursuivis par le vacarme infernal des âmes qui rôdent la nuit, pauvres solitaires en proie à la torture de tous les démons.

Je découvre le Finistère, *Penn ar Bed*, le « bout du monde » en breton, et ses légendes. À tout moment, on s'attend à voir surgir le roi Arthur. Pas besoin de potion magique, tout y est envoûtant, tout semble surnaturel. Je me laisse donc surprendre par cet univers mystérieux.

Les Bretons ne parlent guère. La vie a toujours été hostile sur ce sol. Lorsque les envahisseurs y ont débarqué, aux IVe et Ve siècles, il n'y avait plus âme qui vive, la famine ayant vidé le

Finistère. Le peuple breton, chassé de Grande-Bretagne par les Angles et les Saxons, s'y installa alors et résista ensuite longuement à la couronne de France. Je suis ici bien loin de la Belle Bleue qui berça mon enfance.

Eugène Riguidel fait aussi construire son trimaran géant à Brest, et tous les vendredis, nous partons pour La Trinité, où je retrouve mes amis, ma nouvelle famille. Le Morbihan est moins violent et moins extrême que le Finistère, il est plus langoureux, plus amoureux, plus parisien aussi, moins rustique, un peu bucolique… Entre les deux, mon cœur balance.

Mon ventre se répare, mais je suis très amaigrie. La construction de mon bateau prend du retard. Nous manquons de moyens. Pour acheter des voiles, j'ai dû sacrifier une partie de mon salaire (je suis payée 3 000 francs par mois, l'équivalent du SMIC d'alors, pour aller risquer ma vie à danser sur les océans), mais c'est mon choix. Vingt heures de boulot par jour, mais quel bonheur ! L'illusion de la liberté… Et la deuxième édition de la Route du Rhum.

Le bateau est mis à l'eau et baptisé à la va-vite. Il n'est pas prêt, pas fini. Quelques heures seulement après le départ de Saint-Malo, je dois faire demi-tour. Cause : panne de pilote et gros ennuis de gréement. Le vent est très fort, et je demande un peu d'aide pour manœuvrer dans la passe de Saint-Malo qui a inspiré Chateaubriand, tant ses eaux, ses couleurs sont changeantes et traîtres. Un vrai lieu de perdition. Un repaire de corsaire qui invite au romantisme sur la terre ferme, mais, en mer au milieu des cailloux, c'est autre chose. Je suis seule, sans pilote automatique. « Débrouillez-vous toute seule ! » me répond-on sur le canal de détresse. « On doit porter secours à plein d'embarcations en péril. »

Il y a le prao *Rosières* tout neuf, un engin révolutionnaire – c'est l'époque de toutes les innovations et des professeurs Tournesol. Il vient de se replier sur lui-même et dérive sur les cailloux. Sauvons le skipper ! On ne peut plus rien pour le bateau. C'est la bérézina… La SNSM ne sait plus où donner de la tête ni à quel saint se vouer.

On change mon gréement, et je repars deux jours plus tard avec des pilotes neufs (il faut en prévoir de rechange, ces trucs-là ne sont pas encore au point). Je me lance à la poursuite de la flotte, qui est déjà loin. J'ai besoin de mes deux pieds et de mes deux mains pour barrer, tellement c'est dur. Le plan de pont n'est pas fini, et il m'arrive souvent de prendre des risques pour aller rechercher une écoute de spi à l'eau. Lors d'une de mes courtes siestes, je fais un cauchemar. Je chavire sous spi, je tombe à l'eau, le bateau se redresse, et je remonte à bord par miracle – merci mon Dieu ! –, puis chavire de nouveau. C'est la fin, je bois la tasse et je m'engloutis dans un abîme sans fin.

Ce rêve de noyade m'obsède. Est-il prémonitoire ? Alors je me cramponne, de peur qu'il ne se réalise. On peut essayer de changer le destin. Il suffirait, pour me rassurer, de m'attacher, mais je n'y pense même pas. Je suis de la génération : une main pour soi, une main pour le bateau.

Pour la première fois, j'ai un sat-nav à bord, l'ancêtre du GPS. Les satellites me donnent une position toutes les vingt-quatre heures. C'est comme un miracle qui se renouvelle chaque jour, c'est magique. Une révolution. Adieu le sextant – qui reste pourtant à portée de main, au cas où. Le sat-nav tombera d'ailleurs en panne trois jours avant l'arrivée. Pas grave.

Comme tous les marins, je suis un peu superstitieuse, et certaines choses sont interdites à bord. Par exemple : le lapin. On ne peut même pas prononcer son nom. Il faut dire « l'animal aux grandes oreilles » ou « le cousin du lièvre ». Il y a tout de même une bonne explication à cette malédiction : autrefois, les animaux étaient conservés vivants sur les navires en bois avant d'être jetés dans une gamelle et dégustés en sauce. Les réfrigérateurs n'existaient pas, et c'était donc le seul moyen d'acheminer les animaux en bon état de conservation... Mais les lapins rongeaient les coques et provoquaient des voies d'eau, mettant en péril la vie de ceux qui les aimaient tant.

Du coup, avant de prendre la mer, j'ai arraché avec frénésie toutes les pages des magazines où est évoquée la bestiole maudite. Les sous-vêtements que je porte arborent – c'est leur logo – deux petits lapins qui s'empapaoutent. Je les supprime, les extermine au ciseau, laissant un joli trou sur mes fringues toutes neuves.

Prendre la mer un vendredi est aussi de mauvais augure. Il paraît que les marins touchaient leur paie le jeudi et allaient la boire le soir même au bistrot du port. Pour des raisons évidentes, mieux valait donc rester à quai le lendemain…

Jean-Yves Terlain avait conjuré le sort en baptisant son géant à trois mâts *Vendredi 13*. Partant pour gagner la Transat anglaise en 1972, son aventure devait – mais s'il gagnait seulement – donner naissance à un film sur grand écran. Il finit second derrière Alain Colas, et tous ses jolis projets tombèrent à l'eau. Il n'est pas rare que le hasard et la superstition se trouvent étroitement liés sur notre route. À chacun de faire la différence. À moi d'oublier ce cauchemar.

Nous devons aller virer une bouée devant Fort-de-France avant le final à Pointe-à-Pitre. En approche de la Martinique, je retrouve le contact VHF avec quelques concurrents éclopés comme moi. Ils ont cassé ceci ou cela. Je ne suis que quatorzième à ce moment, à cause des deux jours de retard du départ. Loïck Peyron suggère que nous nous attendions dans la baie de Fort-de-France, pour reprendre un nouveau départ après que chacun aura réparé ses avaries. Maurel est là, avec une bôme neuve pour moi. Eugène vient à bout de ses rafistolages, Pierre Follenfant et Loïck aussi.

Mon bateau a un défaut : il ne vire pas. Mauvais équilibre du centre de dérive. Je n'en peux plus et frôle la crise d'hystérie, et pourtant, la fin n'est pas loin. Il n'y a pas de vent sous la Dominique, mais la houle est là. Il fait une chaleur torride, et seuls quelques seaux d'eau de mer peuvent me rafraîchir. Je suis à poil sur le pont, sans personne en vue – sinon, j'aurais enfilé une petite tenue. Je mets un peu d'ordre à l'arrière, le bateau se dandine mollement d'un flotteur sur l'autre. La bôme bringuebale et soudain me frappe dans le dos, et d'un coup d'un seul, je suis projetée à l'eau. Un soleil, pendant lequel je réussis à attraper une bastaque qui traînait. Dans l'eau jusqu'au cou. La peur me saisit. Est-ce l'instinct de survie, mais d'un grand coup de reins, la bastaque à la main, je parviens à remonter sur le pont. Normalement, barbotant autour du bateau, je n'aurais jamais eu l'énergie pour me hisser à bord sans une échelle de bain. La première partie de mon rêve est réalisée.

Dans le canal des Saintes, le vent souffle en fortes rafales sous un grain blanc. Ce sont les plus mauvais. On n'y voit plus rien. À part la température, on se croirait en Irlande. Je n'ai encore jamais été aussi vite avec mon bel oiseau couleur lagon. J'ai peur. Le flotteur est sous l'eau, et les bras de liaisons se tordent et grincent. J'ai peur que la deuxième partie de mon rêve se réalise. J'ai souvent l'impression de vivre des situations déjà vécues. Dans mon sommeil, je retrouve des endroits qui me sont familiers, mais qui ne sont ni de ce monde ni de notre époque. Pourtant, je les reconnais. C'est très étrange.

Enfin, la Guadeloupe déchire le paysage. Le grain s'éloigne, je suis sortie d'affaire. Entre Fort-de-France et la Guadeloupe, je suis passée de la quatorzième à la dix-neuvième place. Pas très brillant. Je n'aurais jamais dû accepter le pacte d'un nouveau départ. Pas grave : c'était une course d'essai pour ce nouveau bateau. Des courses, il y en aura d'autres.

6

La suite des années Biotherm

(1982-1984)

Biotherm rentre en cargo. Je traîne un peu aux Antilles avec la famille Fauconnier sur le trimaran d'Yvon, qui a fini huitième de la Route du Rhum. Nous cabotons d'île en île, nous récupérons. Le bon docteur a rejoint le bateau de Philou Poupon et découvre les Tropiques, la biguine, le ti-punch sur la plage au coucher du soleil, la pêche sous-marine, les coraux des lagons et leurs poissons multicolores, la végétation épaisse des îles, et le cul des Blacks... La petite bande de Bretagne se retrouve donc de l'autre côté de l'Atlantique, dans des eaux plus chaudes et sous des latitudes plus clémentes. Mine de rien, la compétition à la voile et en solitaire n'est pas de tout repos. Un peu de farniente dans les Caraïbes est bienvenu avant de rentrer à Brest, où nous retournons au chantier.

On modifie le bateau, et je repars, cette fois-ci en équipage, avec quatre garçons – dont Patrick Maurel, Lionel Péan et Yann Le Nabour, qui navigue en général avec Philou – pour La Baule-Dakar, dont c'est aussi la deuxième édition. Le départ est mouvementé : nous rentrons en collision avec *Royale*, le catamaran de Loïc Caradec. Nous sommes encastrés l'un dans l'autre. Il y a du mauvais temps, et chaque vague fait un trou de plus dans ses étraves. « Y a de la strat' dans l'air. » Comprendre : de la réparation.

Malgré notre départ décalé de quelques heures, nous sommes satisfaits de notre prestation. L'arrivée à Dakar est toujours joyeuse, d'autant plus que nous nous retrouvons tous pour y fêter mes vingt-six printemps.

Une fois à Dakar, nous devons tourner un film publicitaire « beauté » à bord, et nous embarquons un cameraman et un preneur de son pour la traversée du cap Skirring, au Sénégal, jusqu'aux Antilles. Nous attendons Thibault Le Fournier, l'équipier qui remplace Maurel, pour partir. Le coup classique : il a chopé des morpions. Interdiction d'embarquer à mon bord avec tout ce petit monde ! « On lèvera l'ancre demain midi, lui dis-je. Débrouille-toi pour être là, mais tout seul, sans tes compagnons. » Il galère en taxi-brousse pour trouver de la Marie Rose à Ziguinchor.

Pendant ce temps, Mickey, équipier sur le bateau d'Eugène Riguidel, *William-Saurin*, surfe une petite houle rentrant dans la baie. Non loin de là, la corde de l'ancre cède. Il n'a que le temps de remonter à bord pour essayer de poser le bateau correctement sur la plage et limiter les dégâts. Grosse galère. Sur la plage du Club Med est échoué le plus grand trimaran du monde. Marrant ? Qu'à moitié. Comment faire ? Il faut attendre la marée haute et la participation de tous les *gentils membres* du Club pour pousser, pousser, pousser, et remettre le géant à l'eau.

Thibault revient enfin. En route pour la Guadeloupe ! L'embouchure de la Casamance est extrêmement poissonneuse. Nous faisons le plein de thons et de bonites. Mais n'ayant pas de frigo à bord, nous stoppons vite ce génocide.

D'ailleurs, nous n'avons pas de toilettes non plus, ni de douche, et pas même un moteur. Nous faisons toutes les manœuvres de port à la voile, ce qui est assez délicat, surtout avec un multicoque. Il est interdit de naviguer à la voile dans un port ; néanmoins, les moteurs ne sont pas obligatoires sur les voiliers. Allez comprendre ! La voile est un sport, une aventure qui se pratique en toute liberté. N'importe qui peut partir voguer autour du monde sans aucun permis. Une des rares choses qui ne soit pas réglementée de nos jours.

Dès les premiers jours de traversée, l'équipe du film est terrassée par le mal de mer, et très surprise par le manque total de confort. Il est vrai qu'à mes yeux, le plus grand luxe est de pouvoir dormir, même mouillée, à la belle étoile, et de profiter du plus beau décor du monde. À l'arrivée, ils diront au producteur : « Comment veux-tu faire un film "beauté" sur une gonzesse qui ne se lave pas tous les jours ? »… Et même quasiment jamais ! En mer, on ne se salit pas. Il n'y a pas de pollution, et les paquets de mer que l'on prend en pleine figure font l'effet d'une bonne douche, voire d'un peeling naturel. Parfois, les paupières me brûlent tellement le sel de la mer est décapant. Et j'ai rarement le temps de me mettre de la crème, encore moins de me débarbouiller. Il faut profiter d'une bonne averse pour se rincer, car l'eau douce est réservée à la cuisine et à la boisson.

Chez Biotherm, on verrait d'un bon œil que je vante les mérites des produits de la maison lorsque je raconte mon quotidien de marin à la presse. Mais ce n'est pas mon boulot, et je n'ai pas encore besoin d'antirides. Ils voudraient me faire ressembler au mannequin de leurs pubs : cheveux courts plaqués, visage à l'ovale parfait. Ils aimeraient domestiquer ma crinière et m'habiller en blanc sage. C'est raté ! Du coup, après la Transat anglaise en solitaire et Québec-Saint-Malo, ils m'annonceront leur désir de mettre fin à notre contrat.

En attendant, j'ai un vrai déclic en 1984, après la Transat anglaise en solitaire, justement. Je me rends compte que j'aurais pu gagner. J'ai démâté en allant à Plymouth, avant même le départ. Décidément ! Le mât, en tombant, a bien endommagé un des flotteurs. En un tour de main, quasiment un miracle, je réussis à prendre le départ tout de même. Avant les Açores, je suis deuxième. Vingt milles derrière le catamaran de

Patrick Morvan. C'est Yvon Fauconnier qui m'apprend la bonne nouvelle par VHF. Je n'en crois pas mes oreilles. Il n'est pas loin de moi, mais derrière. Je suis très fière. Je n'avais jusqu'alors pas de nouvelles de la course, étant encore en rade de BLU (la radio longue portée).

Mais ça ne pouvait pas durer, évidemment : je casse ma drisse de grand-voile. Je m'épuise à monter dans le mât. Je n'y arrive pas. À chaque fois, il me manque un mètre. Mon trimaran se balance d'une vague sur l'autre et, à vingt-trois mètres d'altitude, l'amplitude est énorme et violente. Elle me désarçonne. Après la cinquième tentative, mes bras vont exploser, je n'ai plus de forces. Même en ayant fait une sorte de corde à nœuds, impossible ! En haut du mât, je n'ai plus rien pour me tenir, les vagues me font valdinguer, et je risque à tout moment de tomber à l'eau ou de m'écraser sur le pont. Je renonce. Tant pis.

Devant, ce sont les Açores. Si je fais une halte rapide, je reste deuxième, en bonne position pour la victoire, ou le podium. Manque de chance, en faisant l'examen de santé du bateau, je remarque qu'un boulon en titane assurant l'assemblage de la coque et des bras est cassé en deux. J'appelle Joubert, l'architecte. Il me confirme que les autres vont certainement lâcher, en série. Impossible de reprendre la mer dans ces conditions, sans risquer que tout se disloque. J'attends six jours mes boulons aux Açores...

La course est fichue, mais pour la première fois, j'ai réalisé que je pouvais gagner, que je suis bonne. Je sais que je peux tenir la dragée haute aux meilleurs. Cela fait six ans que j'ai fait mes premières armes, et tous les espoirs sont permis. J'ai gravi les échelons, course après course, sur un petit monocoque d'abord, puis sur un plus gros, et puis sur un autre, encore plus gros, avant de me mettre au multicoque. J'ai fait les choses dans l'ordre.

Après la première édition de Québec-Saint-Malo, où nous passons à côté de la victoire de la catégorie soixante pieds dans les dernières heures, coiffés au poteau par Patrick Tabarly sur *Paul Ricard*, Biotherm met fin à notre contrat avant terme. La pêche au sponsor recommence. J'aurai passé ma vie à alterner des moments de bonheur immense sur l'eau et des moments de galère à terre, à la recherche du gros poisson. Me vendre n'est pourtant pas mon fort !

Les courses s'enchaînent comme dans un tourbillon, et je ne vais pas toutes vous les raconter. Ce serait barbant, et il faudrait plusieurs tomes. Globalement, avec *Biotherm*, nous avons manqué de moyens. La réussite est donc mitigée. C'est l'époque où les écuries de course se développent, les transats se multiplient, en double, en solitaire et en équipage.

Faute d'argent, nous ne sommes que deux pour tout faire à bord, Maurel et moi. C'est trop peu par rapport aux autres, dont les équipes comptent au moins trois ou quatre personnes, voire plus. Maurel rejoint finalement l'équipe de Gabbay – les « Sudistes » –, qui se fait construire un gros foiler.

Je retrouve un Paris inconnu. C'est l'époque des Halles et des nouvelles discothèques. Quand j'étais enfant, ado, jeune fille, je n'ai jamais eu le droit de sortir le soir. Puis j'ai quitté Paris pour la mer. Aujourd'hui, je suis grande : j'ai vingt-sept ans. Je vis intensément, je dévore les plaisirs de la plus belle ville du monde comme une enfant les yeux écarquillés devant un sapin de Noël. Tout brille. À terre comme en mer, j'aime la nuit, son immensité, sa solitude, sa plénitude, ses doutes, son mystère. J'aime son anonymat, l'oubli de soi. Petite, déjà, je traînais avant d'aller au lit. J'aimais prolonger ces moments de silence ou d'indifférence qui n'appartiennent qu'à la nuit. J'ai toujours eu peur, en allant me coucher, de rater quelque chose d'important. Les rêves nocturnes bouleversent mon quotidien, m'incommodent plus souvent qu'ils ne me rassurent. À leur aventure utopique, je préfère celle de ma vie de tous les jours, qui est tout aussi magnifique, mais réelle, même si elle me paraît extraordinaire.

J'ai ma petite gloire, on me reconnaît dans la rue, dans les bars et dans les boîtes. Tout cela m'enivre. Cette liberté, cette facilité. Le monde est à moi, je le tiens dans le creux de ma main. Rien n'est impossible, me semble-t-il. La vie est devant moi.

Mon père a honte de sa fille lorsque *Paris Match* titre : « Florence Arthaud a un fiancé dans chaque port. » En vérité, il n'y a pas trop de place pour ma vie amoureuse, bien remplie, mais un peu tumultueuse. J'aime ne pas savoir ce qu'il y a derrière l'horizon. Mon cœur suit le rythme de la houle du grand large, et je suis libre, avant tout. Ma grand-mère maternelle, à laquelle je me confiais petite, me disait : « Ma petite fille, surtout ne te marie pas ! Regarde, ça fait quarante ans que ton grand-père m'emm... » Pauvre Papi !

Je ne suis que la fiancée de l'Atlantique, après tout. Aucun homme ne me comblera jamais autant que l'océan. C'est la mer qui m'emporte et me rassure. Elle me fait vibrer d'un plaisir invisible. Même mon côté fleur bleue ne me retient pas à terre. La vie de couple ne me fait pas réellement rêver. J'ai trop de choses à découvrir. Je veux vivre !

Un jour, le téléphone sonne. Maurice Beaudoin, bras droit d'Hersant au *Fig Mag*, souhaite me voir. La série « Cinq filles sur un bateau » n'a pas eu le succès escompté. Des mannequins maquillés, ongles longs et bien faits, ce n'était pas très crédible sur un bateau, évidemment. Ils ont besoin de moi, et je serai payée, très, très bien payée. Pour une fois, j'ai su me vendre, et enfin le fait d'être une femme m'avantage. J'ai quelques atouts. La perspective d'un voyage de trois mois n'est pas pour me déplaire.

7

Le Pacifique

(1985)

Destination : Hawaï et la Polynésie. Waouh ! Je ne connais pas l'archipel d'Hawaï, et je rêve d'y aller. Quant à la Polynésie, depuis que j'ai découvert ses îles paradisiaques à dix-huit ans, j'ai toujours pensé qu'il ferait bon y vivre après avoir épluché tout ce qui pouvait m'intéresser ici-bas, m'y laissant enfin aller à la contemplation béate…

James Cook, Wallis, et Bougainville avant eux, croyaient y avoir trouvé le paradis perdu.

Avant que les grands marins ne s'élancent à la découverte des nouveaux continents, la Terre était représentée comme un disque plat surmonté par les jardins d'Éden et leurs délices. Au-delà du monde connu, la mer océane était peuplée de monstres terrifiants. Malheur à celui qui s'y aventurait ! Malheur aussi à celui qui contredisait cette image biblique, sous peine d'être taxé d'hérésie et brûlé au bûcher. Tous, des siècles durant, partirent à la recherche du paradis dont Adam et Ève avaient été chassés.

Les nombreuses îles du Pacifique ressemblent vraiment à l'image du paradis, et l'on comprend que les navigateurs s'y soient attardés. Les femmes à moitié nues nageaient à leur rencontre. Elles s'offraient à eux dans de grands éclats de rire avec un naturel déconcertant. Après de longs mois de mer et de souffrance, ils succombaient à l'envoûtement, n'en croyant ni leurs yeux ni leurs sens. Ils tombaient tous comme des mouches.

Un vieux sage avait rêvé qu'un jour viendrait à l'horizon une pirogue à une seule coque, ce qui semblait tout à fait surnaturel aux habitants. Les premiers colons furent donc accueillis comme des hommes surnaturels, des dieux vivants, avec tous les hommages qui leur étaient dus. Les îles regorgeaient de fruits délicieux, les lagons de poissons multicolores, les forêts de cochons. Le parfum des fleurs était enivrant, et les vahinés à la longue chevelure allaient dans leur plus simple appareil. Elles chantaient l'amour. Il faisait toujours beau, la vie était douce. Les Polynésiens n'avaient pas le sens de la propriété, ni de la jalousie. Ils croyaient en plusieurs dieux qu'ils vénéraient sur les *marae*. Les enfants étaient élevés par la communauté.

Bien sûr, les tribus s'affrontaient, et certaines devaient être cannibales, mais personne ne connaissait la famine. C'était un peuple de grands marins, il venait de très loin. Sur leurs pirogues, les hommes se dirigeaient grâce aux étoiles, sans heure ni sablier. Ils inventèrent le multicoque...

Si cela ne ressemble pas au paradis !

Après de longues heures d'avion en première classe, où je ne fais que dormir, nourrie au caviar, nous atterrissons à Honolulu, à Oahu. L'Océanie à l'américaine ! Buildings et palmiers royaux bordent les plages de sable blanc sur un fond de mer émeraude. On va au bureau en chemise à fleurs, avec un surf sous le bras – c'est le sport national –, une fleur à l'oreille, en attendant la pause de midi pour se jeter à l'eau et glisser un peu sur les vagues.

Notre bateau, *Bernique*, n'est pas au rendez-vous. Une *bernique* bretonne est une *arapède* en Méditerranée, un chapeau pointu muni d'une ventouse, un coquillage agrippé aux rochers au bord des plages. *Bernique* a sans doute eu du mal à quitter son port d'attache. Ce n'est pas très grave, car pendant les cinq premiers jours, notre seul devoir est de nous préparer à avoir bonne mine. Pas droit au maquillage ! Nous devons toutes les cinq être bronzées pour les photos du reportage – et sans marques de maillot.

J'ai réussi à faire embarquer une de mes copines dans le staff : Tina. Les autres filles, j'ai fait leur connaissance pendant le voyage. Elles ont l'air sympa, elles ont envie d'aventure. Maurice Beaudoin les a sérieusement sélectionnées après un véritable interrogatoire à moitié nues dans son bureau. Nous partons pour plusieurs mois sur un bateau, et n'importe quelle mannequin ne pourrait pas supporter cela. Bien sûr, nous aurons une douche et une cuisine sur notre yacht, mais cela ne ressemblera en rien au confort des grands hôtels auxquels les modèles sont habituées. Il faut des filles saines et sportives, ayant fait un peu de voile ou ayant envie d'en faire, pas snobs et, surtout, appétissantes sans être aguichantes. Naturelles et fraîches. Un peu comme moi ! (Ha ha !) Nous devons faire rêver les lecteurs en plein hiver, et faire grimper les ventes du journal.

En attendant le *Bernique*, que nous n'allons pas tarder à appeler le « *Merdique* », nous soignons notre look dans un quatre-étoiles. Mais comment faire pour ne pas avoir de marques, ici où personne ne pratique le monokini, et encore moins le cul nu ? C'est interdit par la loi et passible d'une amende. Nous trouvons donc un petit coin de sable à côté de Waikiki Beach, où nous enlevons discrètement le haut avant de nous oindre d'Hawaiian Tropic. Et puisque nous y sommes, allons-y jusqu'au bout ! Ce n'est pas mon genre du tout, mais c'est mon boulot, et franchement, il y a pire.

Et soudain, c'est le Far West... Un hélicoptère atterrit à côté de nos serviettes de plage. Quatre flics armés en débarquent et viennent à nous. Ils nous reprochent notre tenue. Nous faisons toutes semblant de ne rien comprendre, même Tina, qui est anglaise. Très gentiment, et s'exprimant cette fois avec des gestes, ils essaient de nous faire nous rhabiller, sans trop oser nous regarder, ne sachant où poser leurs yeux. Nous sommes au bord du fou rire. Ils consultent finalement le gros livre de la législation du pays sur cette question délicate et redécollent dans un vacarme épouvantable en décoiffant tout le monde, afin de débattre de cet épineux sujet avec leur chef.

Une demi-heure plus tard, l'oiseau de malheur atterrit de nouveau sur le sable chaud. C'est l'attraction. Nous ressemblons déjà à des homards d'un côté, mais l'autre reste à faire. Quel boulot ! Très courtoisement, un peu gênées, les forces de l'ordre nous demandent la plus grande discrétion. En effet, les textes n'interdisent pas aux étrangers le bronzage intégral, mais, nous disent-elles : « Si vous provoquez une émeute, *please,* rhabillez-vous ! » Les flics se retirent, en faisant fuir les plagistes qui ont tous du sable plein les yeux. La plage est à nous.

Le *Merdique* n'est toujours pas là. Nous explorons l'île et attaquons les photos.

C'est à North Shore que je monte sur une planche de surf pour la première fois. Les vagues y sont toujours énormes, et les meilleurs rêvent d'y aller un jour. C'est le *spot* mythique. Un beau surfeur surnommé Ace Cool nous a arrangé le coup. Lui a l'habitude de ne surfer que les vagues géantes qui se trouvent à plusieurs milles au large. Il s'y rend en hélicoptère. Ils sont quelques frappadingues à le faire. Ils ont de petites bouteilles de plongée avec dix minutes d'autonomie, au cas où ils se rateraient ; sinon, ils sont morts. Qui surfera la plus grande déferlante du monde ?

C'est en surfant que j'ai senti la véritable violence de la mer. En tout cas, ce jour-là, j'ai pris mon pied ; pas avec le surfeur, mais avec la vague. Cette énorme houle qui vient de très loin pour se fracasser sur un récif et vous emmener au septième ciel, ou au fond, très profond, brassée par la longue histoire de l'océan… À ce moment précis, l'eau vous rentre partout dans le corps, par le nez, par la bouche, par les oreilles, et vous fait oublier la surface, vous désoriente avant de retrouver l'air. Ça vaut toutes les thalassos du monde, et c'est gratuit. C'est mieux que des jets d'eau salée balancés avec la pression d'une lance à incendie dans une cabine sordide, à poil, avec un ridicule bonnet de bain sur la tête, et sans vue sur la mer.

Enfin, le *Bernique* arrive. Nous partons. Dans notre petite équipe, il y a de tout. Les filles viennent de toute l'Europe. Comme les premiers Européens à avoir pénétré le mystère de l'Océanie, nous sommes toutes tombées sous son charme, le charme intemporel de la vie sans lendemain, du plaisir immédiat, de l'insouciance, de la jouissance et de la naïveté. Nous ne ressentons aucune nécessité, nous baignons dans le bonheur.

Clopin-clopant, d'île en île, nous crapahutons. Nous faisons de belles photos dont les lumières racontent des histoires du bout du monde, et qui resteront gravées dans ma mémoire à tout jamais. Équipée pas facile à gérer pour autant ! De chaque escale, nous repartons avec l'une de nous en larmes, laissant un cœur meurtri derrière elle. Les mouchoirs s'agitent. On promet de revenir…

Après avoir fait le tour des îles Sandwich – c'était le nom de l'archipel d'Hawaï, où Cook fut tué et mangé –, nous amerrissons en Polynésie. Hémisphère Sud. Les Tonga, les Samoa, les Fidji, les îles Cook, Wallis-et-Futuna. Toutes les îles sont différentes, pas très animées, mais délicieuses. Les Tonga sont très vertes, la côte est sans lagon, et l'eau y est d'un vert ténébreux. Quant aux Tonguiens, ils sont tout petits, râblés et moyennement aimables, leurs femmes ont des poils partout, et leur roi prend toujours l'avion avec un casque intégral !

Nous arrivons aux Fidji en plein coup d'État. Il faut voir ça : des militaires armés jusqu'aux dents sillonnent la petite ville de l'île principale. Ils sont en tongs et en paréos crantés en bas, ceinturés en haut de cartouchières. C'est leur uniforme. Les touristes ont déserté l'île. Seules quelques équipes de reporters qui se comportent comme à la guerre ont l'autorisation de rester. En ce qui nous concerne, interdiction pour le moment de quitter le port. Nous profitons des petits marchés colorés et des plages qui ressemblent à de vraies cartes postales. Les Fidjiens ont des pieds immenses, et leurs empreintes font peur. À chaque moment, sur le rivage, on s'attend à tomber sur un monstre, un géant, un ogre, comme dans *Koh Lanta*, cette émission stupide qui met en scène une bande d'idiots abandonnés au milieu de nulle part jouant à Robinson Crusoé. Ce n'est pas d'ici que l'on rapportera des chaussures – taille minimum en boutique : 46, jusqu'au 52.

Enfin, les autorités nous autorisent à sillonner les petits îlots environnants. Le *Figaro* a prévu de faire des photos d'extérieur du bateau. Nous louons alors un petit hydravion, qui nous servira d'annexe. Ça fait très chic, amarré au cul du bateau. Dans ces coins de paradis, beaucoup utilisent ce moyen de transport pour aller d'un point à l'autre.

Après les Fidji, les Cook sont un avant-goût de la Polynésie française, sauf qu'on y roule à gauche. Les hommes sont de beaux « sauvages », et certains sont tatoués de la tête aux pieds. Les traditions y sont restées très vivantes, et il n'y a pas encore trop de tourisme.

Et puis nous voilà à Bora Bora. Enfin un peu d'animation ! Nous arrivons en pleines fêtes de juillet. Là-bas, on célèbre le 14 juillet jusqu'au 15 août. À cette occasion, tous ceux qui travaillent le copra dans les atolls avoisinants viennent s'amuser à Bora. Ils boivent, ils fument de la *pakalolo* et participent aux jeux ancestraux, comme le lancer de javelot sur une cible faite d'une noix de coco fixée en haut d'une perche. Cela fait bientôt trois mois que nous nous couchons avec le soleil tous les soirs, et un peu de folie n'est pas pour nous déplaire. Nous sommes ancrés devant le Club Med, dont les farés sur pilotis sont quasiment inoccupés. Le soir tard, pour rentrer à bord, je dois franchir un obstacle de taille : la porte est fermée, il me faut jouer les équilibristes en marchant sur le rebord étroit du bassin à requins… On a beau dire que les pointes noires du lagon sont inoffensives et bien nourries, je n'aime pas ça du tout, et je préfère souvent m'endormir sur la pelouse, en attendant que la porte s'ouvre au petit matin.

J'aime tant les Polynésiens et la Polynésie que je m'y attarde quand le voyage du *Figaro* est terminé. Je traîne mes guêtres encore un mois à Tahiti. Ras-le-bol des îles désertes ! À Papeete, il y a des voitures, des réverbères, des boîtes de nuit. La civilisation. Je suis émerveillée. J'en profite. Je vis la nuit et, dans la journée, je vais surfer à Paéa. C'est un spot de sable noir, je ne risque pas de me massacrer sur les coraux. Dommage pour mon joli bronzage qui m'a demandé tant de persévérance, mais cet endroit de l'île est le seul où il pleut tous les jours. Les montagnes accrochent les nuages qui stagnent et s'y déversent.

Le prochain voyage de ce type, ce sera deux ans plus tard, en 1987, en Nouvelle-Calédonie, au Vanuatu et encore en Polynésie, avec une nouvelle équipe.

De la Nouvelle-Calédonie, de Gaulle disait : « Une bande de terre peuplée d'une bande de cons. » Il n'avait pas forcément tort. Quelques grandes familles de caldoches se partagent l'île qui, au demeurant, est magnifique. Mais de beaux endroits, il y en a partout dans le monde ;

ce qui compte, c'est qu'ils soient bien habités. Je n'ai pas d'attirance particulière pour les îles désertes, je ne suis pas à la recherche permanente de Vendredi ; lorsque j'arrive à terre après de longues nuits de solitude en mer, j'aime aller à la rencontre des gens, parler, danser, chanter dans les bars. En Nouvelle-Calédonie, j'ai galopé des heures durant sur les terres d'un riche propriétaire, qui s'étendent à perte de vue. Lui se rendait à sa propriété en Ferrari... Les seules copines que je me suis faites à Nouméa en trois semaines sont des travestis. Certaines sont des splendeurs, d'autres de vrais Canaques avec de gros mollets et de gros bras, teints en blondes, mais tellement sympathiques.

Après avoir fait le tour de ces petits coins de paradis disséminés dans le plus grand océan du monde, mon cœur reste fidèle au pays des vahinés et des ukulélés, de la vanille et des cocotiers, des marae et de leurs légendes, du tamouré et des fleurs de tiaré. J'y retournerai, c'est sûr !

8

Les disparus

(1986)

Je passe l'hiver suivant au ski, glissant d'une vallée à l'autre, m'essayant même au kilomètre lancé. À cette occasion j'endosse la combinaison et le casque de ma copine Cathy Breton, championne du monde de la discipline. Tout le monde me demande des autographes en bas des pistes, pensant que c'est elle. En retrouvant la glisse, le silence feutré de la montagne, je skie à l'extrême et redécouvre mes sensations de jeune fille sur les pentes. Dès mon enfance, je l'ai dit, mon père, Grenoblois et très bon skieur, m'a mis des skis aux pieds – enfin, des planches en bois à l'âge où, en général, on fait ses premiers pas. J'aime tracer de grandes courbes dans la neige fraîche, et dévaler les pentes vierges.

À Val-d'Isère, je fais des économies : je suis accueillie à l'hôtel par mon ami Jean-François. C'est un grand skieur et je m'entraîne dans son sillage. Je ne paie ni mon équipement ni mon abonnement. J'aime le milieu des montagnards. Ils ressemblent aux marins, toujours en quête d'un nouveau défi, d'un nouveau sommet, de nouvelles sensations, repoussant les limites encore plus loin à chaque fois. Malheureusement, beaucoup de mes amis guides finiront leurs aventures sous une avalanche.

Je m'entraîne donc à la montagne, à fond, en altitude, en attendant de trouver un sponsor et de redescendre au niveau de la mer, au top de la forme, débordant de globules rouges, avec un cœur en béton. Je n'ai pas de méthode particulière pour l'entraînement. Parfois je pédale, parfois je cours, ou bien je nage ; il m'arrive aussi de soulever de la fonte. Mais la meilleure façon de se préparer, c'est tout de même de naviguer. Pourtant, nous sommes rarement prêts assez tôt. Cette fois-ci encore, c'est la course avant la course.

Nous sommes en 1986, et je prends le départ de la Route du Rhum pour la troisième fois. Elle a lieu une année sur quatre. J'ai vingt-neuf ans et, comme d'habitude, je les fête dans la semaine précédant le départ. « Lucky » Poupon m'offre un stylo de cosmonaute, avec lequel on peut écrire au plafond ; en cas de chavirage, ça peut être utile. L'hiver précédent, dans le Grand Prix de la Martinique, pour la première fois, nous avons navigué sur la tranche, la patte en l'air. C'est Mike Birch qui a commencé. J'étais embarquée comme équipière sur *Fleury Michon*. C'était impressionnant – tout craquait –, mais grisant.

Je rempile donc pour la troisième fois dans cette course en solitaire sur un gros catamaran de vingt-quatre mètres, très mal construit. C'est l'ère du gigantisme. L'initiateur en a été Eugène Riguidel qui, le premier, navigua en solitaire sur un énorme trimaran de vingt-sept mètres (*William-Saurin*). Mais à l'époque, la technologie n'est pas ce qu'elle est aujourd'hui, et les moyens financiers non plus. Nous en sommes aux balbutiements des mélanges de carbone, de Kevlar assemblés avec des résines époxy, qui sont des résidus de l'aérospatiale. On commence à cuire les bateaux afin qu'ils soient plus raides. Tout ceci est très expérimental.

J'ai réussi à ficeler un budget – tout en m'endettant – avec des concessionnaires Rank Xerox dégotés à Albertville. Jean-Baptiste Le Vaillant, de la voilerie Incidences, dit « Cracky », me fait des voiles au dernier moment. Mon spi est beaucoup trop grand, je n'arrive même pas à l'affaler toute seule – ce qui peut être gênant.

Un équipage de bénévoles m'a rejoint à Port-la-Forêt pour renforcer notre petite équipe. Une bande de jeunes d'Auray m'a proposé ses services : « Florence, on n'y connaît rien, on n'est pas du tout voileux ; notre truc, c'est plutôt le rock'n roll, mais on t'aime bien. On a lu dans la presse locale que tu avais besoin d'aide. » Ils seront logés, nourris et travailleront même la nuit, la musique à fond dans le chantier qu'ils équipent d'une sono digne d'une boîte de nuit. On fait les trois-huit. Même mes copines viennent prêter main-forte : Dany Fauconnier, femme d'Yvon, et Mimi, qui fut secrétaire de l'ACIMO (l'association des coureurs en multicoque, dont Eugène était président).

Dany est la première femme avec laquelle j'ai lié une véritable amitié. Un peu plus âgée que moi, elle « m'apprend la vie ». Elle est capable de passer des heures à écouter mes confidences, mes petits chagrins d'amour. Mimi, elle, s'occupe de la logistique avec la rigueur d'un sergent-major. Pas facile avec cette bande de rigolos ! Et pour rigoler, on rigole... La bande s'agrandit, et il y a du travail pour tout le monde. Même Eugène vient poser la déco faite d'autocollants de fonds de tiroirs de cuisine. Et finalement, Yvon Fauconnier nous rejoint aussi. Ils doivent avoir pitié de moi.

Tous m'ont fortement déconseillé de prendre la mer avec ce bateau, pourri et trop gros. Il s'appelle *Sofati Soconav,* on le surnomme : « c'est-fini-c'est-pas-grave ». Il est rebaptisé par le sponsor *Énergie et Communication*. J'ai déjà fait une traversée à bord, et le projet de le mener en solo ne me paraît pas insurmontable. Au départ, j'avais loué *Paragon*, un super trimaran construit en Angleterre, très léger et rapide, mais il a heurté un cargo sur la Tamise avant de m'être livré, et tous mes espoirs se sont écroulés. Il ne reste plus qu'à me rabattre sur cette « tongue à voile » dont personne ne veut.

Le jour du départ arrive. Le bassin de la cité corsaire est impressionnant, encombré de ces monstres semblant arriver tout droit d'une autre planète. On se croirait il y a quelques siècles, lorsque le port de la petite ville fortifiée bordée des cailloux les plus dangereux des côtes françaises abritait les bateaux des fameux pirates. Le drapeau noir à la tête de mort hantait alors les ruelles aux pavés défoncés. De ces années doit dater la rue dite « de la Soif », où les marins qui avaient défié les Anglais venaient oublier la sauvagerie des combats. Saint-Malo était alors imprenable, et nous lui devons les plus valeureux défenseurs des eaux françaises et de la Couronne. Nos plus fiers corsaires, nos plus vaillants marins.

Je me balade au départ de la course sur mon bateau mauve, toute de mauve vêtue. Le mauvais temps est au rendez-vous. À peine parti, mon bateau se fissure, tous les jours un peu plus. Mes dérives cassent, je n'ai plus de barre, mais grâce à un bricolage de fortune, je réussis, clopin-clopant, à traverser les dépressions qui se succèdent sans relâche sur la route nord. Puis le temps s'améliore, légèrement. Je ne suis plus très loin des Açores où je dois faire escale pour réparer. J'espère y arriver avant le prochain coup de tabac, quand un avion me survole.

Comme d'habitude, je suis en panne de BLU. Par VHF, on me signale une épave pas très loin derrière moi et me demande d'aller porter secours aux survivants. Ils n'ont pas l'air de savoir que la Route du Rhum se court en solitaire… Loïc Caradec sur *Royale* a chaviré. Je fais donc demi-tour pour aller le chercher. J'ai sa position, et je me dirige vers lui. Aux jumelles, j'aperçois l'épave. Seule, la manœuvre sera délicate. Je réduis la toile et prépare une longue aussière, qu'il pourra attraper avant de sauter à l'eau et de se hisser à mon bord. Tout ceci ne m'arrange pas. Je n'ai pas fait le ménage, et je ne suis pas maquillée. Trêve de plaisanterie, je ne m'attendais pas à accueillir un étranger !

C'est la loi de la mer. Il faut porter secours à ceux qui sont en difficulté. Cela arrive plus souvent qu'on ne le pense. Dans la dernière Transat anglaise, Yvon Fauconnier a récupéré Philippe Jeantot qui attendait un passant sur ses coques retournées. Philou Poupon coupa la ligne à Newport en premier, pourtant, cette année-là, il y eut deux gagnants, car le décompte du temps perdu pour le sauvetage fit de Fauconnier un deuxième vainqueur.

Je m'attends donc à trouver Loïc à cheval sur une de ses coques, mais personne ! Je fais trois fois le tour du bateau en l'appelant de plus en plus fort, toujours pas de réponse. Je hurle « Loïïïïïc ! » Rien. Surtout, ne pas paniquer. J'imagine le pire, mais je refuse d'y croire. Il est peut-être endormi… Non, impossible : mes hurlements le réveilleraient. Peut-être est-il blessé, immobilisé à l'intérieur, peut-être est-il inconscient ? Que faire ? Je suis seule, je ne peux pas plonger et abandonner mon bateau.

L'avion m'annonce alors qu'un cargo fait route sur l'épave. Je l'attends. Je me souviendrai toute ma vie de ce navire de commerce turquoise arrivant en vue. Tout en expliquant la situation au capitaine du bâtiment, je lui recommande de mettre un dinghy à l'eau afin de récupérer Loïc s'il est coincé à l'intérieur ; et sinon, de relever tous les indices qui permettraient d'orienter les recherches, comme le journal de bord. Impuissante et bouleversée, je reprends ma route.

Je dois monter dans le mât à la force des bras afin de démêler ma drisse de grand-voile. Lorsque enfin mon bateau est en route vers São Miguel, je reprends contact avec l'avion. Le cargo n'a même pas mis un Zodiac à l'eau et a continué sa route sans aucune tentative de sauvetage, prétextant une houle trop formée. C'est horrible. Je n'arrête pas d'y penser. Je prie pour Loïc, qu'il ait la force de tenir. On ne sait rien de ce qui s'est passé. Bien que l'accident ait eu lieu très près des Açores et dans une zone relativement fréquentée, il faudra quatre jours avant qu'un homme puisse monter à bord et constate la disparition de Loïc.

Après dix-neuf heures d'escale forcée à São Miguel, je suis encore quatrième au classement. Ça a été l'hécatombe dans la course. L'anticyclone me rattrape. Vous savez, le très fameux anticyclone des Açores… Je reste cinq jours engluée dedans avant de toucher les premières petites risées. C'est un supplice. Tout le monde avance, sauf moi. Toute la flotte me passe devant. Mon bateau est collé à l'eau. Quand enfin je touche les alizés, ils sont perturbés de gros nuages noirs accompagnés de vents violents et soudains. J'ai peur de chavirer. Je sais qu'en cas de retournement, j'ai de grandes chances de me noyer dans ma petite nacelle. Alors, je veille au grain. Je ne peux pas m'empêcher de penser à Loïc. C'est épuisant, je n'en peux plus, je rampe sur le pont tellement je suis naze, épuisée. Les trois derniers jours, je n'arrête pas de pleurer. J'arrive avec un œil au beurre noir asséné par moi-même en voulant resserrer des boulons à grands coups de clé à molette. Je suis désespérée d'être seulement onzième, même si tout le monde me dit que c'est un exploit d'avoir amené cette poubelle jusqu'ici.

Le monde de la voile est en deuil. On ne retrouvera jamais rien de Loïc. Pas plus que de Colas ou de Marc Linski, ni de Jerry Roof et de tant d'autres. Tant d'autres qui aimaient la vie au point de la sacrifier à leur passion. La disparition en mer a quelque chose de tragique. L'espoir empêche le cœur déchiré de faire son deuil. Olivier de Kersauson me dit un jour : « Il n'y a pas une meilleure façon de mourir. »

Kerso m'a beaucoup appris, et notamment sur la façon dont les hommes aiment les femmes. Il m'a aussi appris à décortiquer les langoustines – ce qui m'a été fort utile ! Nous nous sommes rencontrés à Antibes, en 1976. Il était drôle et séduisant, et avait un vrai public autour de lui, qui riait aux larmes. Les femmes, elles, le craignaient et redoutaient sa légendaire misogynie. Nous avions sympathisé. Puis il m'a toujours guidée et soutenue, et m'a aidée à sortir de la torpeur de l'adolescence. Il m'a aidée à apprivoiser l'étrange solitude de l'âme.

Tellement endettée après les frais engagés pour la remise en état de mon catamaran, je décide d'aller jusqu'au bout et de l'acheter. J'avais un contrat de location-vente, et pour 500 000 francs (76 000 €) de plus, il est à moi. Je plonge.

De retour à Paris après une escapade à Saint-Martin où je laisse mon catamaran au mouillage dans un trou à cyclone, me revoilà à la recherche de sous. Pas très original pour un coureur.

9

Les prémices du succès
(1988)

Pendant mon deuxième voyage dans le Pacifique, de la Nouvelle-Calédonie à Tahiti, avec le *Figaro Magazine*, j'ai chargé Mickey de remettre *Énergie et Communication* sur un cargo, afin de participer à je ne sais plus quelle course. Je me suis ruinée pour acheter ce bateau. Il décide finalement, pour éviter les frais de transport, de le ramener par la mer. Manque de bol, le bateau étant resté au soleil tout l'hiver dans son trou à cyclone après la Route du Rhum, il a fondu et s'est cassé en deux en plein milieu de la paroisse. Les résines que l'on utilise alors résistent à soixante degrés ; au-delà, elles perdent leurs caractéristiques mécaniques. Je suis ruinée et vraiment endettée jusqu'au cou.

J'en ai assez. Je veux les moyens de gagner. J'en ai marre de dire en rigolant : « Mieux vaut perdre avec brio que gagner sans panache ! » J'en ai marre des galères...

Heureusement, mes assureurs doivent avoir pitié de moi et acceptent de me rembourser la moitié de l'estimation des travaux pour remettre mon grand cata à flot. Merci, car j'étais assurée seulement en cas de naufrage. Mickey, en bon marin, a sauvé le bateau de la noyade. Mais vis-à-vis du contrat d'assurance perte totale, il aurait mieux fait de le laisser couler. C'est affreux, et certainement pas notre éthique de marin.

J'ai de la chance : un inconnu me le rachète à l'état d'épave pour la modique somme de 500 000 francs (76 000 €), en liquide. Il réside en République dominicaine et rachète nos vieux bateaux pour les remettre en service en *day charter*. Récupérer la mallette se révèle épique. Je ne connais le type que par téléphone, et nous n'avons rien signé. Je n'ai aucune certitude d'être payée.

On me donne rendez-vous à une heure tardive, quelque part dans le Marais, à Paris. On me dit d'attendre. Il y a du monde à cette petite fête dans un appartement des Halles, et je ne connais personne. J'attends des heures avant l'ouverture du coffre et, finalement, on change d'appartement. Je n'ai aucune garantie, rien. Que dalle ! L'histoire se termine par un échange, sur un banc au beau milieu de la nuit. La mallette contre les papiers. Je ne sais même pas si nous nous sommes serré la main. Ouf !

J'ai mes sous. Je ne me souviens pas comment je suis rentrée chez Maman le magot sous le bras, mais je ne faisais pas la maligne. Le plus stupide de l'histoire, c'est que je suis obligée, afin de couvrir une partie de mon découvert, de remettre tout ce cash sur mon compte en banque. À cette époque, c'est la banque Martin Maurel, mon « sponsor »...

Je suis retournée vivre chez mes parents, entre Paris et Val-d'Isère. J'ai beaucoup d'amis et vagabonde un peu partout. À cette époque, je skie et je navigue beaucoup. Je commence à être invitée dans toutes les équipes, mais je suis toujours à la recherche d'un sponsor. Si vous voulez être pauvre et le rester, naviguez ! J'ai la chance d'avoir du succès, mais je manque de réussites.

Christian Garrel, un promoteur immobilier, contacte mon père. Il vient d'acheter le garage à côté de chez nous et souhaiterait acquérir notre hôtel particulier – enfin, notre maison de campagne en plein Paris, avec vue sur la tour Eiffel. Mon père lui répond que la maison n'est pas à vendre, mais sa fille, oui.

Christian Garrel accepte de financer ma prochaine Ostar, la Transat anglaise en solitaire. Vous voyez que même les gosses de riches peuvent s'en sortir ! Je finis septième avec *Groupe Pierre Ier*, l'ancien *Paragon* que je voulais déjà louer deux ans plus tôt, pour la Route du Rhum 1986, mais qui avait heurté un cargo. Très satisfait des retombées médiatiques, Christian a envie de rempiler. À l'arrivée à Newport, nous rachetons *Fleury Michon* à Philou (Poupon), qui vient de gagner la transat. En ce moment, il gagne tout. Il me fait faire un petit tour du propriétaire avant de me remettre les clés et de retirer les autocollants représentant ses sirènes fétiches. Philippe Naudin, un de ses fidèles équipiers, reste heureusement avec nous pour le prochain Québec-Saint-Malo. Il connaît bien le bateau. Changement de monture, mais pas de commanditaire. Nous le repeindrons en jaune et le rebaptisons lui aussi *Groupe Pierre Ier* une fois arrivés à Québec.

Nous devons mettre *Paragon-Groupe Pierre Ier* sur un cargo, afin de le rendre à son propriétaire. Nous arrivons à New York par un drôle de temps. Il fait moite, et la chaleur dégage des nuages blancs très bizarres, accompagnés de fortes rafales de vent, sans aucune visibilité. Les docks de New York sont dans le New Jersey. C'est derrière le bateau-poubelle que nous prenons l'embranchement pour nous y rendre. Charmant décor pour découvrir cette ville légendaire posée sur l'eau !

Lorsque nous sommes enfin à quai, tout est trempé à l'intérieur, et les toiles des bannettes sur lesquelles nous dormons ont cédé pendant le convoyage. On aimerait bien dormir à l'hôtel, mais il est tard. L'ambiance est lugubre. Il y a des milliers de rangées de containers, à perte de vue. J'ai un peu peur que l'un de mes petits blonds angéliques se fasse violer dans la noirceur de ce décor, au détour d'une allée. Nous restons finalement dormir à bord, calés sur des sacs en guise de couchettes.

L'endroit est décidément très étrange. Per sonne ou presque ne parle anglais. Il y a beaucoup de Portoricains, de Cubains, d'Italiens, et la langue employée mélange celles de toutes ces contrées. Notre trimaran doit embarquer sur un cargo italien à moitié rouillé. Pourvu que ce vieux rafiot arrive à bon port !

À bord, ils ont tous des gueules de repris de justice. On me mène à la cabine du capitaine, huileux, qui m'examine des pieds à la tête. Il fait très chaud, je suis en petit short et débardeur ; décente, mais peut-être un peu trop légèrement vêtue pour la circonstance. Il me reçoit en se refagotant et me propose un verre. Du whisky. Non merci, il est huit heures et demie du matin. Nous sommes convenus que le trimaran doit être gruté à bord avant le reste de la cargaison. La manœuvre n'est pas simple et, finalement, les dockers décident de renoncer. Impossible !

Tout le monde s'en mêle dans toutes les langues. Ils sont au moins une vingtaine et n'ont pas l'air commode. En plus, ils sont machos et ne m'écoutent pas. Je pousse une énorme gueulante et leur explique comment il faut s'y prendre. Charger des containers, c'est leur métier, mais les multicoques, ça me connaît un peu. Ils finissent par m'entendre, en rigolant, et bientôt, le bateau est à bord.

Ça me rappelle l'époque où j'enseignais la voile… À chaque arrivée et chaque départ d'un port espagnol, il fallait faire des tonnes de papiers. J'avais vingt et un ou vingt-deux ans. Les douaniers avaient bien du mal à me croire lorsque je leur disais : « *Yo soy la capitana !* » Là, à New York, sur les docks, on sent que c'est beaucoup moins cool. C'est un monde à part.

Une ville dans la ville. Toutes les cinq minutes, on propose aux garçons toutes sortes de drogues, et même des filles.

Et puis on nous raccompagne jusqu'à notre Zodiac, où nous avons entassé nos baluchons, comme des clandestins, et on nous fait comprendre qu'il faut quitter les lieux. Ça tombe bien : on en a assez vu.

Après une courte halte au pied de la statue de la Liberté, nous débarquons à Manhattan. C'est la première fois que j'y accède par la mer. C'est assez émouvant de repenser à tous ceux qui, avant nous, par millions, y ont accosté pour fuir la misère ou la police, en espérant y commencer une nouvelle vie. J'adore l'ambiance des grands ports, le brassage des populations, les espoirs qu'ils véhiculent. Les bateaux qui partent au loin, qui arrivent chargés de nouveaux rêves. C'est d'ailleurs ce qui, longtemps, s'appelait le Nouveau Monde, avec ses trafics incessants de toutes sortes de choses ou d'êtres humains. Aujourd'hui, c'est du pétrole, du gaz, des bananes, des passagers clandestins aussi. Les marées humaines continuent d'affluer, *via* les ports.

Certaines destinations me font encore rêver : Sainte-Hélène où Napoléon a fini sa vie, Valparaiso où la montagne si haute tombe à pic dans l'océan Pacifique, Pondichéry, un ancien comptoir français en Inde, le nord de l'Écosse où les garçons de mon âge tricotaient devant la cheminée durant les interminables soirées d'hiver,

Tristan da Cunha, un caillou perdu entre l'Afrique et l'Amérique, dont tous les habitants furent évacués au moment d'une dangereuse éruption volcanique, rapatriés et relogés en Angleterre, terre de leurs aïeuls. Malgré la facilité de la vie en Europe, ils choisirent tous de retourner sur leur rocher perdu au milieu de rien...

Après quelques folles nuits new-yorkaises, nous reprenons la mer avec le nouveau *Groupe Pierre Ier*. Direction : Québec, les bancs de Nantucket, le Saint-Laurent, ses courants et le brouillard épais. À bord : Maurel, Mickey, Naudin et moi. Fière équipe unie par une profonde amitié et une grande complicité. Nous naviguons pour les mêmes raisons, avec les mêmes valeurs, le même goût de l'aventure.

C'est les cheveux collés par l'humidité de la brume que nous croisons au large de la Nouvelle-Écosse sans la voir. On ne distingue même pas les étraves du bateau. Nous n'avons pas de radar, et il nous manque une carte, si bien qu'au moment où nous apercevons une mouette posée sur une petite dune à côté de nous, nous nous échouons. Un proverbe marin dit : « Quand les mouettes ont pied, il est temps de virer. » Je vous le confirme ! Il faut attendre que la mer remonte pour flotter à nouveau, et ça repart. La navigation sur le Saint-Laurent est toujours délicate : plus le fleuve se resserre, et plus il y a de courant. Jusqu'à huit nœuds ; c'est énorme. On doit attraper en vol les bouées qui balisent les chenaux et s'y amarrer afin de ne pas reculer en attendant la renverse du courant. On se demande comment Jacques Cartier a pu s'en sortir.

Les eaux sont bordées de forêts de sapins totalement impénétrables. La population est rustique. Seuls les Acadiens ont pu s'acclimater à ce genre de vie austère. Mais l'été, il en va tout autrement. La neige a fondu et fait place à la fête. Les bars clandestins sont ouverts jusqu'au petit matin, et les Québécois revivent. Ils sont parfois un peu pesants avec leur « franche camaraderie », mais fort accueillants. Les filles sont plutôt joyeuses et pleines d'entrain, mais avec leur accent à faire fuir un régiment, on se croirait dans un sketch de Laurent Gerra racontant l'amour entre Céline Dion et René, son *compère*. Les hommes, eux, ressemblent un peu à des bûcherons. Le naturel des Québécois nous fait bien rire. Pas facile de tenir une équipe avant un départ quand la fête est partout…

Enfin nous partons, la transat est lancée. La régate est serrée dans le Saint-Laurent. Grâce à Mickey qui fait la nav', nous prenons une bonne option et sortons de ce Christ-de-calice-de-tabernacle de Saint-Laurent. À l'embouchure, la brume se déchire. Sous un soleil radieux et un temps de demoiselle, nous laissons Terre-Neuve et ses icebergs derrière nous. Nous sommes plusieurs bateaux à vue. C'est avec *Laiterie Mont-Saint-Michel* que nous nous tirons la bourre. C'est notre *sister-ship*, exactement le même bateau que le nôtre. À bord : Olivier Moussy.

Nous échangeons quelques mots à la VHF, et même des projets de ski pour l'hiver prochain. Nos routes s'écartent avant la traversée de l'Atlantique qui s'annonce très rapide. Nous sommes poussés par de forts vents d'ouest qui circulent sur la route des dépressions. Puis, trois jours plus tard, en mer d'Irlande, le temps se dégrade méchamment. Pierre Lasnier, un des meilleurs météorologues du monde, recommande à tout le monde une extrême prudence, quitte à rallonger la route et plonger vers le sud pour éviter le paroxysme de la tempête.

Nous choisissons de continuer sur la route directe. À fond. Nous n'avons pas dormi depuis trois jours, c'est-à-dire depuis que nous avons quitté les côtes de vue, à l'autre bout de l'océan. Nous avons besoin de quelques heures de sommeil. Chacun son tour, par quart. Ces bateaux mouillent énormément. Ils sont très bas sur l'eau – plutôt genre sous-marin –, et même avec des *tops* étanches et des bottes Le Chameau à guêtres, on est plus que trempés. Il nous manque un masque et un tuba.

Nous allons vite, très vite, et sans arrêt, les étraves plongent dans la vague en la rattrapant. Impossible de trouver le repos, il faut rester sur le qui-vive. Ce sont des conditions très stressantes. Maurel dit toujours : « La vitesse, mieux vaut la gérer que la subir. » C'est vrai. Parfois, on cherche le frein à main.

Lorsque j'enfile mes bottes avant de monter sur le pont, je sens un grand coup de frein – encore un –, mais cette fois, le temps s'arrête.

Plus un bruit. Tout doucement, tout bascule. Tous les objets dégringolent. J'aperçois les jambes de Mickey dans le vide. Il réussit à rentrer à l'intérieur. Le bateau se pose à l'envers, et l'eau monte jusqu'à mi-cuisse. Où est Maurel ? Il était à la barre. Par la trappe de survie, on ne le voit pas. Une sale idée m'effleure l'esprit on est partis à quatre, on ne va pas rentrer à trois…

Pendant que Philippe déclenche la balise, Mickey, équipé de sa combinaison de survie, récupère Maurel, le bras tendu, à bout de forces. Ouf, il est sauvé. L'équipage est au complet, un peu hébété.

Nous sommes près de l'île d'Ouessant – « Qui voit Ouessant voit son sang ». Nous avons eu l'impression de voir le diable ! Nous sommes hélitreuillés par un Super Frelon. On se croirait au Viêt Nam. Arrivés à la base aéronavale de Brest, on nous habille en commandos. Maurel est transféré directement à l'hôpital militaire ; il a avalé beaucoup d'eau de mer. Il est resté un bon moment coincé sous le bateau retourné, empêtré au milieu des voiles et des cordages brassés par la mer. Il s'accrochait aux filets (qui relient les trois coques entre elles, un peu comme un trampoline), il s'accrochait à la vie. Il n'arrivait pas à attraper son couteau dans la poche de son ciré pour couper quelques mailles, sortir la tête de l'eau, se libérer de ce piège et respirer enfin. S'il lâchait prise, il était foutu.

Encore sous le choc, nous apprenons que Moussy est tombé à l'eau. On le recherche. Un énorme vide nous envahit. La mer nous a encore pris un ami, et nous laisse des larmes en souvenir de lui. Nous attendons que la tempête se calme pour retourner sur l'épave de *Groupe Pierre Ier*

En attendant, nous sommes accueillis chez le préfet maritime, au château, avec les égards que la Marine nationale réserve aux naufragés. C'est-à-dire une flopée de pompons rouges à votre service, vous suivant partout, avec téléphone, cendrier et champagne sur un plateau d'argent.

Il faudra patienter deux jours avant que la mer se calme un peu. Mickey, Philippe et moi sommes alors hélitreuillés sur l'*Abeille*, un remorqueur de haute mer chargé de la surveillance du rail d'Ouessant et de secourir les bâtiments en perdition mettant notre belle Bretagne en danger. C'est eux qui avaient ramené l'*Amoco Cadiz*. Le commandant Bulot, qui, avec Carlos, son second, a déjà secouru Mickey, Fauconnier et d'autres coureurs, nous porte une affection particulière. Il a surveillé notre épave pendant deux jours, pour que *Groupe Pierre Ier* ne se fasse pas couper en deux par un cargo. Je suis très impressionnée par la précision de la manœuvre de tous ces hommes qui n'interviennent que dans des situations extrêmes et risquées. Il y a pourtant encore des creux de sept mètres…

Une équipe de nageurs de combat est avec nous. Avec des pains de plastique, ils sectionnent tout le haubanage qui maintient le mât. Il serait impossible de remorquer le bateau à l'envers, en traînant le mât ; cela ferait trop de dégâts. Tout est sens dessus dessous. C'est étrange de remonter à bord en combi de plongée, à la nage ! J'en garde de drôles d'images…

À Brest, à l'aide d'une grue, nous remettons le bateau dans le bon sens. Il y a des crabes dans les filets, d'immenses algues, les voiles déchirées pendouillent, et on trouve même de petits poissons dans les équipets. La mer a repris ses droits, et la faune a vite envahi notre épave. Elle offre néanmoins une vision apocalyptique. Mais nous avons ramené le bateau, et notre équipage est au complet. Ce n'est pas le cas sur *Laiterie Mont-Saint-Michel*.

On ne retrouvera pas Moussy. Notre grande famille de marins pleure l'un des siens, un des meilleurs.

10

La vie continue

(1989-1990)

Un sacré chantier nous attend. Il nous faut un nouveau mât. L'électronique, qui a baigné dans l'eau, est à changer. Ce chavirage me vaut une bonne engueulade de Philou devant tout le monde à La Trinité, chez notre bon docteur. Il me fait pleurer. Il me reproche notre imprudence. Tout bon marin doit ralentir dans la brafougne.

La course à venir, c'est Lorient-Saint-Barth-Lorient, avec une escale à Saint-Barth. Attention : dangereux, les escales ! On me dit souvent que je suis courageuse. Que je brave en mer les dangers, que les vagues énormes font peur, la solitude aussi. Mais pour moi, les dangers sont à terre. En mer, je me sens en sécurité, protégée sans doute par ma bonne étoile.

Nous sommes au printemps 1989, en route pour une belle destination. Saint-Barth est un repère de contrebandiers et d'aventuriers en tous genres. Elle a été peuplée par des Bretons et des Normands, échappés des bateaux de commerce. Ici, les rastas sont tous blonds aux yeux bleus. Ce sont de fameux pêcheurs sur leur caillou aride totalement privé d'eau. Les seules richesses viennent de la mer. Les « Babaths » comme on les appelle, aiment accueillir les gens de mer comme nous.

C'est une course en double. Nous revoilà donc, Patrick Maurel et moi, en route pour de nouvelles aventures, toujours partants. Nous entretenons une véritable complicité. La gent féminine a rarement la chance de connaître ce genre de relations avec les garçons. Rien de sexué. Notre amour est fraternel. Rien ni personne ne pourra jamais nous l'enlever.

Nous sommes sous spi, il y a du vent, comme d'habitude, on se fait rincer, et je ne regarde donc qu'à travers la petite fenêtre que me laisse ma capuche de ciré, un œil fermé, l'autre ouvert à moitié sur mon cap, mes voiles, ma route, droit devant. Nous passons à côté du trimaran retourné de Laurent Bourgnon sans même le voir. Il pensait que nous venions le secourir... Même pas. Même pas vu. L'équipage s'en sort sans nous, heureusement – Jésus, Marie, Joseph !

Comme prévu : difficile de gérer dix jours d'escale à Saint-Barth. Mon côté méthodique – je plaisante ! plutôt mon côté instinctif, dirons-nous – me dicte une ligne de conduite : deux, voire trois jours de détente festive, puis on se reconcentre pour le retour.

Avant de s'élancer vers Lorient, les bateaux font le tour de l'île, pour le spectacle. Et du spectacle, il va y en avoir ! Nous sommes à la pointe au vent de l'île, Tabarly à notre gauche et Peyron à droite. On va vite, et ça mouille. Je suis en train de remonter la dérive, car la carte – peu précise, sur laquelle Saint-Barth doit faire la taille de mon pouce – signale des hauts-fonds à peu près à l'endroit où nous nous trouvons. La pointe Toiny n'est pas claire. Et boum ! Coup de frein, nous avons touché. Il nous a manqué dix centimètres d'eau. Pas beaucoup, mais assez pour provoquer une voie d'eau… assez importante, puisqu'en cinq minutes, j'en ai jusqu'aux genoux. On affale tout, et on rentre à la case départ tout doucement, sans gagner mille francs, mais on évite la prison.

La voile, ce n'est pas un jeu, mais un peu la loterie tout de même. Ce récif porte depuis mon nom : c'est la « caille à Arthaud ». Les mauvaises langues diront : « À force de faire le tour du Rocher (c'est le nom de la boîte de nuit locale), elle a fini par se mettre dessus ! » J'aurais dû y aller plus souvent, vu le résultat… Enfin, mieux vaut une voie d'eau à côté d'un port qu'en pleine mer, même si cela nous console peu.

Christian Garrel avait accepté le principe de me construire un nouveau bateau. Je veux les mêmes moyens que les autres pour gagner. Même s'il pense que je suis la femme la plus chère du monde, il a dit oui.

Mais après le chavirage et les cailloux, de retour à Paris, le ton change. Des personnes bien intentionnées sont intervenues auprès de lui et m'ont descendue en flèche. « La Arthaud, elle est nulle. Ça ne sert à rien de lui construire un nouveau trimaran… » Certains skippers l'ont appelé pour lui offrir de me remplacer. Super, l'esprit sportif !

Entre Christian et moi, il n'y a pas de contrat, on a tapé dans la main. Une parole vaut mieux qu'une armée d'avocats. J'aime travailler comme ça. Heureusement, il croit en moi. Mais il doute un peu et me propose des économies de bouts de chandelles, de bouts de ficelles. Faire les coques en voie humide et non cuites sous vide (jargon technique sans intérêt pour les non-initiés), récupérer le mât de l'ancien bateau… Je refuse. Si c'est comme ça, je n'en veux plus de son bateau, na ! Ce n'était pas le *deal*. Il cède à mon caprice, au moment où, tournant les talons, j'allais claquer la porte.

En attendant, nous avons réparé mon *Groupe Pierre Ier* jaune en Normandie, et la course à venir nous promet un joli voyage. C'est le Tour de l'Europe : Hambourg, Scheveningen, Southampton, Lorient, Vigo, Vilamoura et Toulon. Prenez votre atlas afin de situer toutes ces destinations. À bord : Maurel évidemment, et Paul Ayasse, dit « Popol », constituent la partie marseillaise de l'équipage. Pour la part bretonne, nous avons Gaël de Kerangat, dit le « Vieux » (il est aussi ridé que les Rolling Stones, et sa deuxième passion est la guitare électrique). Bernard Auderset, lui, doit être normand. Et puis moi, la Parisienne de mère pied-noir et de père grenoblois. Une bonne tranche de la vieille France est représentée sur notre yacht.

Je ne connais pas plus l'Allemagne que la Belgique. Il faut remonter l'Elbe pour nous rendre au départ. Le début de cette navigation est presque bucolique. Nous longeons de belles maisons de villégiature, de ravissants petits hameaux et de généreuses pelouses mourant au bord de l'eau. Mais en rétrécissant, le fleuve devient beaucoup moins ludique, et son activité plus industrielle. À la lueur des projecteurs, des hommes s'activent comme des fourmis toute la nuit sur des cargos en réfection dans des chantiers. On comprend mieux pourquoi, chez nous, en finissant la journée de travail à cinq heures de l'après-midi, les chantiers navals mettent la clé sous la porte les uns après les autres.

D'Allemagne *via* la Hollande, l'Angleterre, la France, le Portugal et de nouveau la France, nous allons découvrir le Vieux Continent en profitant des escales. D'habitude, pas d'escale ni de tourisme : nous nous contentons de voir défiler le paysage comme dans un film. Nous croisons d'abord en mer du Nord, noir argenté, comme une feuille de papier carbone. On y rencontre davantage de plates-formes de forage et de pétroliers que de plaisanciers – une mer de travail, en quelque sorte. Puis ce sont les eaux anglaises et la Manche, verte comme les pelouses qui la bordent, et la mer d'Iroise, ses cailloux, ses courants, ses pêcheurs. Enfin, l'Atlantique et l'imprévisible golfe de Gascogne, le cap Finistère, redoutable, aussi majestueux qu'austère. Les glissades des alizés portugais, le cap Saint-Vincent, où Henri le Navigateur, le grand roi de ce petit pays, fit ériger un observatoire d'où Christophe Colomb et Bartholomé Diaz observeraient les étoiles et rêveraient aux nouvelles facettes d'un monde à découvrir. Le détroit de Gibraltar – les colonnes d'Hercule, trait d'union entre l'Europe et l'Afrique, ses mythes, son trafic incessant de cargos, les portes de la Méditerranée... Et enfin la Belle Bleue, imprévisible, avec ses caprices de jolie fille.

Une course avec de belles escales, dont nous profitons pleinement avec nos amis concurrents, et qui nous permet de partager des bribes de vie, tels des souvenirs de vacances, des moments inoubliables, comme en colo. Comme si une grande caravane d'hurluberlus se déplaçait de port en port à la recherche du temps passé, d'aventures réinventées, de petites guéguerres loyales, presque chevaleresques. Un vrai conte de fées.

Nous enchaînons sur le Grand Prix de Marseille. Notre équipage est marseillais à quatre-vingts pour cent, haut en couleur. On navigue *avé l'accent* ! C'est chaud dans la rade, c'est pagnolesque ; il ne manque que monsieur Brun et le *Pitalugue*.

Pendant que nous nous amusons, les *archimecs* tirent des lignes, planchent et nous dessinent le plus beau bateau du monde. Ce sont Marc Van Peteghem et Vincent Lauriot Prévost. J'ai connu Marc à dix-huit ans. Nous étions étudiants, lui en architecture, moi en médecine. Nous nous sommes rencontrés au resto U. Notre petite bande sillonnait le Quartier latin à mobylette et se retrouvait avant, pendant ou après les cours. Marc et moi, nous avions les mêmes rêves. Nous lisions *Voiles et voiliers*, et nous nous échappions à la première occasion pour naviguer, prétextant des vacances imaginaires auprès de nos parents crédules... Il va devenir l'un des plus talentueux architectes navals du monde avec son associé et ami, Vincent. Quant à moi, je vais vite quitter les bancs de la faculté, qui m'use, pour un autre amphithéâtre, celui de la vie en mer.

Nous nous retrouvons donc après toutes ces années : Marc et Vincent, Patrick, et Christian, mon sponsor. Nous allons faire naître et vivre l'un des plus beaux bateaux du monde. *Le* plus beau bateau du monde ! Et je vais enfin avoir les mêmes cartes en main que les autres, mes adversaires, Poupon, Pajot, Kerso, Peyron, etc.

Par ailleurs, je viens d'accepter d'enregistrer un disque avec Pierre Bachelet. Nous nous sommes rencontrés à Val-d'Isère. Comme moi, il aime la montagne et la mer. Notre ami commun, Claude Bouillon, lui avait parlé de mon envie de chanter dans un groupe et avait organisé un dîner pour en parler. Après un repas bien arrosé, Pierre me dit : « Il vaut mieux faire de la bonne variété que du mauvais rock'n roll ! » Nous trinquons à notre future collaboration. Dès le matin, je regrette cette soirée. Pourquoi ai-je accepté ? Bref, je m'éclipse, je change d'air.

En attendant mon beau bateau, je vais faire le tour du monde. Gabbay a tenu sa vieille promesse de 1976, à Auckland, et m'embarque. Il va me faire passer le cap Horn. Je vais enfin pouvoir cracher au vent ! C'est le privilège des cap-horniers – des cap-hornières, il n'y en a guère, à cette époque.

Je rejoins la course en route. C'est la Whitbread, course autour du monde en équipage en six étapes (Southampton, Punta del Este, Fremantle, Auckland, Punta del Este, Fort Lauderdale, et retour à la case départ).

À Punta del Este, je fais la connaissance de Jane Redford, qui sera la marraine de ma fille. C'est elle qui a trouvé le sponsor et fait construire *Charles Jourdan* pour Gabbay et son équipe de sudistes. Cette Anglo-Saxonne est tout droit sortie des colonies de l'Empire britannique. Elle est totalement exubérante, originale et drôle.

Le départ a lieu le jour de mes trente-deux ans. Nous sommes onze à bord, dont Gabbay, Gaby, Gaël, Fred dit « Nounoune », Romuald le Belge, Jaco, Sahada, qui est le médecin du bord, et moi. Pour d'autres étapes, Michel Desjoyeaux et Marc Guillemot viendront nous rejoindre.

Je suis la seule femme. J'ai ce privilège. Est-ce vraiment un privilège ? En tout cas, je le crois. Je suis aux anges. J'en ai tellement rêvé. Merci Gabbay !

Après quelques jours de navigation, il commence à faire froid, de plus en plus froid. C'est ce que je redoutais le plus, je suis frileuse. Nous cavalons dans les quarantièmes rugissants, les très fameux, et attaquons les cinquantièmes hurlants, non moins fameux. Et là, le monde devient tout autre. Les étoiles brillent de mille feux, la mer gronde comme un ogre, les vagues énormes font le tour du monde, comme nous, en toute liberté, sans obstacles, sans caps, sans terres pour les arrêter, sans âme qui vive à l'horizon, juste celle des marins comme nous. Il neige parfois, et le pont se couvre alors de vingt centimètres de poudreuse. Nous ne manquons pas une bataille de boules de neige.

Nous ressemblons un peu à des épouvantails. Seul le bout de notre nez dépasse de notre harnachement. Avec cagoule et ciré, impossible de nous différencier. D'ailleurs, à mes heures perdues, j'ai brodé avec des fils de cordage de couleurs différentes le nom de chacun sur son bonnet. Il me reste quelque chose de mon éducation chez les bonnes sœurs, où l'on voulait faire de moi une bonne épouse et une parfaite ménagère.

Nous croisons parfois des icebergs. On dévale les pentes des vagues, c'est la grande cavalcade, la chevauchée fantastique. Le chauffage du placard des cirés est en panne. Les duvets sont trempés et glacés. Impossible de se reposer : tout est mouillé et il neige toujours. Gabbay, le chef, est hors quart avec Gaby, embarqué au poste de navigateur. Ils montent sur le pont pour les manœuvres, qui nécessitent souvent la présence de tout l'équipage, car il y a vraiment beaucoup de vent. Nous naviguons toutes voiles dehors, tout dessus, à fond.

Nous faisons trois quarts de trois heures de trois personnes. Trois heures sur le pont, trois heures de veille en ciré à l'intérieur, prêts à bondir pour une manœuvre ou pour du renfort, lovés, serrés l'un contre l'autre afin de se réchauffer sur un sac à voile humide, et ensuite, trois heures de dodo. Ça me change du rythme habituel, en solo ou en double sur les multis. Un vrai train-train s'installe à bord, avec tout ce monde. Chacun son tour, on prépare la bouffe, on fait la vaisselle. On joue aux cartes, on lit. Nous manquons de lecture et partageons les romans d'aventures ou les policiers, cinquante pages par cinquante pages – une vraie « tournante littéraire », plutôt divertissante. Nous avalons les méridiens, et nous atteignons après une trentaine de jours le continent austral tant recherché, tant convoité au XVIIIe siècle.

Je laisse l'équipage et débarque à Perth, au sud-ouest de l'Australie, pour profiter d'un mois d'escale et rejoindre, en Vendée, le chantier où la construction de mon nouveau *Pierre Ier* débute. Je nage dans le bonheur. Mon sponsor et Patrick ont estimé qu'avant la mise à l'eau du trimaran, le meilleur entraînement pour moi est

FLORENCE
ARTHAUD

Page précédente : Ma première croisière vers les Baléares, sur le premier bateau de mon père (1964)
En haut à gauche : À 12 ans, en croisière en Corse (1969)
En haut à droite : Avec ma mère, dans le jardin de mon grand-père, à Grenoble (1960)
En haut au milieu : J'ai 8 ans, et je suis avec mon frère Jean-Marie sur *Raph* (bateau de course d'Alain Gliksman), en présence de Tabarly (1966)
En bas à gauche : Dans le Midi, Jean-Marie tente de m'intéresser aux maquettes de bateau (1961)
En bas à droite : Toujours avec Jean-Marie, à la fin d'une régate en dériveur à Saint-Malo (1971)
En bas au milieu : Je m'ennuie sur cette plage de Guadeloupe : je veux préparer la Route du Rhum (août 1978)

En haut au milieu : Sur le bateau familial, avec mon père qui a préparé l'apéro et le repas (1978)
En haut à gauche : Dans le Hoggar, lors de notre voyage parmi les Touaregs (1976)
En haut à droite : Corse, avec Jean-Marie (1970)
En bas au milieu : Ma mère, aux Antilles (1978)
En bas à gauche : Hubert, Jean-Marie et moi, lors de notre première croisière sur le bateau familial (1964)
En bas à droite : Aucklarıd (Noël 1976)

En haut à gauche : Arrivée de ma première Route du Rhum (1978)
En haut à droite : Peu avant l'arrivée
En bas à gauche : Je suis dans le mât au moment où mes parents et Jean-Marie me survolent
En bas à droite : Jean-Marie et moi buvons un yaourt pour prendre des forces avant une régate (1971)
En bas au milieu : Mike Birch, grand vainqueur, Michel Malinovsky, grand perdant, et moi, première femme, à la remise des prix au Salon nautique (1978)

En haut à gauche : Baptême de *Biotherm I* devant la Tour Eiffel (1979)
En haut à droite : Sur *Biotherm II* où j'exerce mes talents de couturière (1982)
En bas à gauche : Nous étions jeunes et beaux : me voici entre Eugène Riguidel et Olivier de Kersauson (1983)
En bas à droite : Avec Yvon Fauconnier, Thibaut Le Fournier et Mickey, pour le lancement du Trophée Jules Verne, chez le « bon docteur », à La Trinité-sur-Mer (1985)

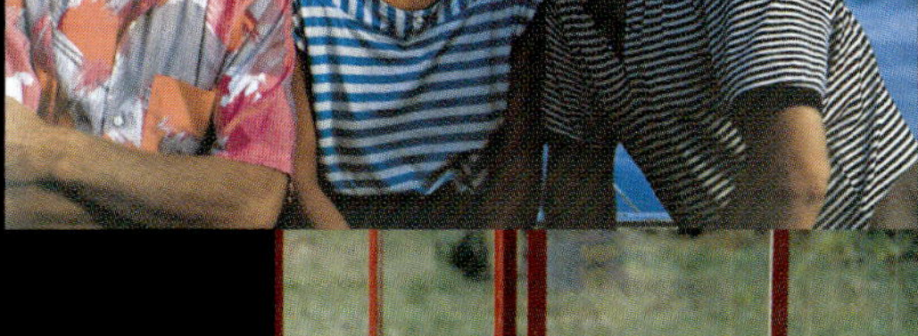

En haut : Retour sur l'épave de *Groupe Pierre Ier*, après la Transat Québec-Saint-Malo (1988)
En bas au milieu : Après la victoire du Triangle de la Méditerranée avec *Pierre Ier* (1991)
En bas à gauche : Dernière ligne droite avant la victoire de la Route du Rhum sur *Pierre Ier* (1990)
En bas à droite : J'arrive en vainqueur avec, sur mon débardeur, le boxeur qui avait tatoué sur ses poings « *peace and love* » (1990)

En haut au milieu : Raid en petit cata, avec Loïc Lingois, en Thaïlande (1992)
En haut à droite : Départ de l'AG2R en Figaro, avec Lionel Péan (2004)
En haut à gauche : Après le prologue de l'AG2R, Lionel et moi attendons nos concurrents au bistrot (2004)
En bas : Solitude des marins dans les bars : ici, en Thaïlande (1992)

En haut au milieu : Photo pour un reportage, à l'arrivée de Saint-Barth-Lorient (1988)
En haut à gauche : Pendant Saint-Barth-Lorient, la *Capricieuse*, un bâtiment de la Marine nationale, nous avait aidés à étaler notre voie d'eau (1988)
En haut à droite : Voyage dans les îles avec les filles pour le *Fig Mag* (1985)
En bas à droite : Autre voyage pour le *Fig Mag* (1987)
En bas au milieu : À la pointe du Château, en Guadeloupe (1988-1989)
Page de droite : Époque rock'n roll : au studio du photographe de mode Élias (1990)

En haut à gauche : Avec plusieurs marins, dont Yvan Bourgnon, Jean Maurel, Jean-Yves Terlain, Loïck Peyron et Philippe Monnet, à Courchevel (1992)
En haut à droite : Premier Raid blanc, où je courais dans l'équipe de Chamonix (1985)
En bas à gauche : Trophée des gagnants à Val-d'Isère (1986)
En bas à droite : Raid Gauloises en Patagonie, avec Philippe Jeantot et les fusillés marins (1996)

En haut à gauche : Essai au kilomètre lancé à La Clusaz (1985)
En haut à droite : À cheval, avec ma fille (2004)
En bas : Raid Gauloises en Patagonie (1996)

En haut à gauche : Avec François Boucher, Jean Maurel, Laurent Bourgnon et Mike Birch, en Italie, à l'arrivée du Tour de l'Europe (1991)
En haut à droite : Avec Patrick Maurel, pendant la Twostar (1990)
En bas à droite : Avec Éric Tabarly, notre héros disparu, en tournée pour le groupe Ricard (1979)
En bas à gauche : Avec François Boucher, au départ de la Twostar (1981)

En haut à droite : Avec Pierre Bachelet, en studio d'enregistrement (1990)
En haut à gauche : Bachelet, tranquille, dans les filets de *Pierre Ier* (1990)
En bas à gauche : Avec Jean-François Deniau, en train de régater avec des bateaux télécommandés, à San Diego, au moment de la Coupe de l'America (1995)
En bas au milieu : Avec Bernard Moitessier, dans son bateau à Papeete (1985)
En bas à droite : Chez le bon docteur, le concours de pâtisserie qui, comme les courses de vélo, clôturait nos saisons de course (1996)

En haut à gauche : En vacances à Ibiza avec Marie (2005)
En haut à droite : Marie et mon cousin Costo, mangeant des berniques en bas du fort, en Bretagne (1996)
En haut au milieu : Marie, au Brésil, à l'arrivée de la Transat Jacques Vabre (2007)
En bas au milieu à gauche : Je photographie ma fille en Australie (1994)
En bas au milieu à droite : Marie avec son chien Noé sur Béniguet (1997)
En bas à gauche : Les îles en face de chez moi : Molène, Béniguet et Ouessant (1997)
En bas à droite : Marie à fond de cale avec Noé, dans le tout petit bateau de Costo, à Béniguet (1997)

En haut : Marie et moi sur le ferry, avant qu'elle fasse ses premiers pas à Porquerolles (1994)
En haut à gauche : Marie entre son papa, Loïc Lingois, et moi, à Val-d'Isère (1998)
En bas : Marie et moi sur le Vieux Port de Marseille (2004)
Page suivante : Pendant ma troisième Route du Rhum, avec une vraie casquette de marin (1986)

de naviguer, même pour le compte d'un autre sponsor.

Je rejoins donc mes « tourdumondistes » pour l'étape suivante qui nous mènera à Auckland. Nous passerons Noël en mer, et quel plus beau cadeau pourrait-on avoir que de passer en tête de la course à minuit, le 24 décembre ? ! Chacun a un cadeau dans ses bottes, et quelques banderoles améliorent notre petit intérieur. On débouche une bouteille de champagne pour les deux occasions. En plus, les conditions sont assez tranquilles ; il n'y a que quarante nœuds de vent (force huit), et nous dévalons sous spi le long de la Tasmanie. Je crois que c'est mon plus joli Noël.

Bien des plaisanciers ne se risquent pas en mer par un temps pareil. La route est loin d'être sans encombre, et le vent n'est pas toujours l'élément le plus sauvage. Un jour, en quittant la barre pour aller me réchauffer les mains autour d'une tasse de thé, j'entends : « Une baleine, une baleine ! » Je ne vais tout de même pas jouer les touristes et remonter dans le froid pour voir un cétacé. Et crac ! Coup de frein. La baleine, je pourrais presque la voir dans le fond des yeux. Elle nous a heurtés juste à côté de la cuisine où je buvais mon thé. Branle-bas de combat, voie d'eau, énorme déchirure de la coque, heureusement au-dessus de la ligne de flottaison. Une mare de sang s'éloigne à la surface de la mer, mais l'odeur de poisson pourri reste à bord, ainsi que quelques lambeaux de peau et de graisse, accrochés au carbone déchiqueté. La pauvre doit être bien mal en point. Elle ne survivra sans doute pas. Je connaissais déjà l'odeur fétide de son souffle, mais je n'avais encore jamais senti d'aussi près cette puanteur, à mi-chemin entre le chacal, le putois et le phacochère.

Vite ! Il faut réagir pour ne pas couler. Pas le temps de se lamenter. On désosse l'intérieur du bateau afin de récupérer cloisons, planchers, tout ce qui peut servir à colmater la brèche. L'impact est énorme.

Nous reprenons la route tout doucement, car il ne faut absolument pas gîter ; sinon, on coule. Nous sommes à trois cent soixante milles de la côte ouest de la Nouvelle-Zélande. Auckland est beaucoup plus loin. Avec un peu de chance, si le vent tombe, comme prévu, nous pourrons l'atteindre. L'ambiance se décontracte lorsque nous arrivons dans l'anticyclone tant attendu. La température remonte en même temps que le baromètre. Nous gagnons le nord et abandonnons les polaires, les cagoules et les cirés, et retrouvons une figure plus humaine. C'est presque les vacances, on se croirait en croisière. La côte nord de la Nouvelle-Zélande est magnifique. Je me souviens m'y être baladée en 1976. Elle est restée très sauvage, presque inhabitée. Une végétation très dense, quasiment impénétrable, se meurt au bord d'une falaise rouge tombant sur de longues plages de sable noir. Très impressionniste comme décor.

Enfin, Auckland. C'est une ville où le sport national est la voile. Il y a un bateau pour dix habitants. Lorsque nous repartons pour la traversée du Pacifique Sud, le plus grand océan du monde, la baie d'Auckland est couverte de voiles blanches qui nous accompagnent jusqu'à la tombée de la nuit. Ensuite, nous serons seuls au monde, en route vers les hautes latitudes, là où les nuits sont courtes.

La mer aussi a une couleur différente ici : elle est d'un bleu presque turquoise, profond. Nous assistons à des aurores australes, comme des rayons laser verts, blancs, rouges plus ou moins clairs, vifs, laiteux, plus ou moins intenses, qui partent de l'horizon, à droite, à gauche, tout autour de nous, pour s'unir en un point lointain dans le ciel au-dessus de nos têtes. Comme si Dieu orchestrait ce feu d'artifice d'un coup de baguette magique. C'est féerique.

Cet océan est vraiment différent. Il se heurte aux terres les plus australes du monde, la Terre de Feu. On la nomme ainsi car, au moment de l'invasion de la Patagonie par les conquistadors, les Indiens, qui naviguaient en pirogue dans ce que l'on appelle aujourd'hui le détroit de Magellan, transportaient le feu à bord de leur canoë pour le conserver. De minuscules lueurs, comme des feux follets, flottaient sur les eaux séparant le nord et le sud des îles de la Terre de Feu.

Le cap Horn est une petite île, sérieuse, sévère, attaquée sans cesse avec fureur par un océan qui se heurte en hurlant à ce caillou qui lui résiste depuis toujours. Nous y arrivons, et tout l'équipage se précipite devant l'appareil photo Nous avons besoin d'immortaliser ce monument qui a fait souffrir tant de marins et renoncer plus d'un capitaine, englouti tant de matelots, coulé tous ces bateaux, brisé tous ces rêves. Le passage entre l'Antarctique et le cap Horn est peu large – six cents milles –, ce qui fait sa violence. Il s'appelle le canal de Drake, du nom d'un fameux corsaire du XVIe siècle. Il connaissait parfaitement les parages et s'embusquait au détour d'un recoin de la côte, guettant les bateaux marchands, les poursuivant, les mettant à la raison, et pillant ensuite leur cargaison. Les chercheurs d'or, pour voyager d'est en ouest, devaient hésiter entre les embûches créées par les Indiens à cheval par voie de terre, et celles des pirates et des dangers de la route maritime passant par le cap Horn. Tant d'histoires dramatiques se lisent ou se devinent dans ce ciel et cette mer apocalyptiques…

Les photos souvenirs sont dans la boîte, et nous remontons l'Atlantique. De violentes rafales de vent nous surprennent aux Malouines, où les dépressions stagnent en montagne, à quatre mille mètres d'altitude, et redescendent en s'accélérant. Peu avant l'arrivée en Uruguay, nous devons aller secourir *Martella,* un concurrent qui s'est retourné après avoir perdu sa quille. L'équipage suisse de Pierre Fehlmann prend dix hommes à son bord, et nous six. Nous raclons les fonds de tiroir afin de nourrir tout ce petit monde. On s'entasse pour dormir où l'on peut, et lorsque nous arrivons, il n'y a vraiment plus rien à manger à bord.

À Punta del Este, c'est la fin de cette aventure pour moi. Je rejoins mon bateau, presque terminé.

11

Le bateau doré

(1989-1990)

Je rentre de mon escapade dans les mers australes, et Pierre Bachelet m'attend de pied ferme. Je pensais qu'il m'avait oubliée, j'aurais aimé, mais non. Il me dit que le studio est réservé. Dans l'album, je n'interviendrai que très peu. Il a écrit un duo pour moi, *Flo*, mais il n'a jamais entendu le son de ma voix.

Le jour où l'enregistrement débute, je suis totalement terrorisée. Je fais une crise de tachycardie, je vais vaciller, j'ai envie de pleurer, d'appeler ma mère. J'ai la voix qui tremble. J'ai tellement peur, le trac. J'aimerais me faire toute petite, j'aimerais qu'on m'oublie, j'ai l'impression d'être toute nue. Jamais je n'aurais imaginé qu'il soit plus dur de chanter que de traverser l'Atlantique. Je retourne donc vite à mon élément

C'est sur la Seine que nous décidons de baptiser ce nouveau *Pierre Ier*, devant notre ministatue de la Liberté, en bas de chez moi. Le trimaran est arrivé en kit près de Conflans-Sainte-Honorine, dans un chantier qui construit des péniches. C'est drôle d'être là, au milieu des mariniers qui transportent leur maison sur l'eau calme des rivières.

Charles, mon jeune neveu, casse la bouteille de champagne dans le respect de la tradition, au moment où les coques touchent l'eau pour la première fois. Le premier voyage de mon bateau se fait sur de l'eau douce, sur la Seine, un vendredi ! Bizarre de naviguer vers Paris avec un trimaran, derrière un ravissant petit remorqueur du début du XXe siècle, une pièce de musée qui s'appelle le *Mutin*...

Pierre Ier fait dix-sept mètres de large et dix-huit de long. Entre les écluses et sous les ponts parisiens, il n'y a que dix-sept mètres cinquante, et du courant. J'ai peur de m'enrouler autour d'une pile de pont, mais ça passe. Nous voilà en plein Paris, près du Champ-de-Mars, pour fignoler notre bijou et le contempler.

Tout le monde est là pour le baptême officiel : Michel Etevenon, l'inventeur de la Route du Rhum, est mon parrain. Je lui dois mes premiers souvenirs en solitaire. Pas besoin d'une star du show-biz : mon bateau est la vedette de l'événement. La fête se finit tard, très tard, chez Castel, évidemment. C'est la première et seule fois où un trimaran navigue à la voile sur Paris entre deux ponts, sous les projecteurs et les lasers. Pour l'occasion, je porte une tenue argentée. Ce soir tout brille et, tout ce qui brille, dit-on, c'est de l'or !

C'est au Havre que *Pierre Ier* goûtera enfin l'eau salée. Mais la première navigation est ventée, et nous cassons rapidement les liaisons entre la coque et les bras. L'eau rentre à chaque vague, nous écopons. Un bateau de ce prix-là (neuf millions de francs), me dis-je, cassé au bout de dix heures... Ça fait cher l'heure de bonheur !

J'ai un an pour me préparer à la Route du Rhum, suffisamment de temps pour m'entraîner, casser tout ce qui doit casser à bord, corriger les erreurs de jeunesse de *Pierre Ier*, et tenter ma chance. Il faut toujours un certain temps pour la mise au point de nos engins, qui sont des prototypes. On les allège de plus en plus, les mâts sont de plus en plus hauts, et la surface des voiles augmente en conséquence : on dirait des cathédrales de toile. La technologie a énormément évolué en quelques années, les marins sont des pilotes d'essai, en quelque sorte. Essais qui réservent parfois de mauvaises surprises.

La première course à laquelle nous participons, Patrick et moi, est la Twostar. Nous n'avons pas eu le temps de beaucoup tester notre racer océanique, et en plus, je pars avec le bras dans le plâtre. Je me suis fait opérer d'un kyste au tendon au niveau du coude, quinze jours auparavant. Pauvre Maurel : il va avoir du boulot. *Pierre Ier* a l'air d'avoir un bon potentiel de vitesse ; c'est la première fois depuis la mise à l'eau que nous nous mesurons aux autres.

Mais ce serait trop facile si tout se passait bien. Les ennuis commencent deux heures après le départ, et Patrick est obligé de monter dans le mât. Puis les drisses cassent, les unes après les autres. Patrick m'envoie en l'air à chaque fois ; je suis plus légère, et avec un seul bras, je n'aurais pas la force de *wincher* pour le hisser là-haut, à vingt-sept mètres au-dessus du pont. Nous sommes privés de nos voiles d'avant, et nous nous traînons sous grand-voile seule. Nous faisons comme nous pouvons, et à proprement parler avec les moyens du bord. En mer, pas de stand au bord de la route pour réparer. Il faut continuer, se débrouiller jusqu'à ce que l'on arrive quelque part.

Nous prenons notre mal en patience. J'en profite pour réviser les paroles de ma petite chanson. Car peu après l'arrivée à Newport, je dois m'envoler pour participer à une émission de variétés. Je n'ai pas intérêt à me tromper dans le texte. Mais il y a la mer, et le bateau tape – c'est l'inconvénient du carbone. Il est tellement raide qu'à chaque vague on a l'impression de se déchausser les plombages. Là, c'est le CD qui n'arrête pas de sauter. J'ai du mal à dépasser le premier couplet, et Patrick est au bord de la crise de nerfs : il n'en peut plus d'entendre *Flo,* qu'il commence à connaître par cœur lui aussi.

On ne s'en sort pas trop mal. Notre bateau est prometteur et nous laisse pleins d'espoir. Il nous suffit donc de corriger ses petits défauts de jeunesse, et *Pierre Ier* sera au top.

Le bateau doré

L'émission de Jean-Pierre Foucault a lieu à Marrakech, à la Mamounia, où j'oublie pendant quelques jours les bobos de la course, dans une suite face à la Palmeraie qui s'étale comme un océan, avec le même flottement, le flou du lointain. Tout plein de stars sont là pour participer à l'émission. Dans le salon de maquillage, j'essaie d'échapper aux regards et aux rencontres. Pour ma première télé en tant que chanteuse, j'ai quitté les bottes et le ciré. Je change de look, je me parfume et je m'habille en haute couture, même si mes mains sont toujours calleuses. Omar Sharif me regarde d'un œil en biais et me fait des compliments sur ma jupe serrée-collée à strass. Je deviens rouge de gêne, je transpire à grosses gouttes. J'aimerais tellement être invisible alors que je me fais aborder par l'idole de ma mère...

Tout à coup, c'est à moi. Je dois monter sur scène, tout le monde m'observe, je perds tous mes moyens. Mon micro tremble sans que je n'y puisse rien, et j'en oublie mon texte. Ce n'est pas très grave : nous sommes en play-back. À chaque fois que je me trompe sur les paroles, je mets ma main devant ma bouche, et je regarde Bachelet d'un air désolé, comme si j'avais fait une grosse bêtise. Du coup, il perd lui aussi le fil de son texte. Il me demande de le fixer dans les yeux d'un air langoureux, mais ça me trouble davantage. On peut encore entendre aujourd'hui les hésitations de ma voix sur l'enregistrement. Sans doute ajoutent-ils un peu d'émotion, de sincérité.

Je me suis engagée à faire la promo de la chanson. Tous les soirs, à huit heures et demie, il y a une émission de variétés à la télé. Nous devons faire toutes celles de la rentrée. D'ici là, peut-être aurai-je moins d'appréhension. Ce n'est pas gagné !...

Nous sommes au début de l'été 1990, et l'objectif est de gagner la Route du Rhum à venir. Il faut s'entraîner. Pour cela, je vais ramener *Pierre Ier* en solitaire, en tentant de battre le record de l'Atlantique établi par les frères Peyron sur le parcours New York-cap Lizard, au sud-ouest de l'Angleterre.

Je passe une petite dizaine de jours à Manhattan au pied des Twin Towers. Les Américains sont intrigués par cet étrange navire. Nous faisons des sorties tous les jours pour la presse. Nous sillonnons la baie de New York entre la statue de la Liberté et le pont de Brooklyn. C'est magique – le rêve américain. Même si les divertissements de cette capitale cosmopolite où tout arrive et tout est possible sont assez tentants, je reste concentrée, et je me contente de petites soirées en ville avec Patricia.

Nous l'avons embauchée peu après la disparition d'Olivier Moussy, son fiancé, dans Québec-Saint-Malo. Après s'être éloignée du milieu des marins pour oublier, elle n'a pas résisté à reprendre du service. C'est très dur pour elle, d'autant que notre *Groupe Pierre Ier* jaune était le sister-ship de celui qui a coûté la vie à son amoureux. Difficile de faire son deuil dans ces conditions. Seul le temps peut atténuer la peine, beaucoup de temps. Nous en parlons peu, Patricia est toujours restée très digne dans le drame qu'elle a vécu. Nous sommes devenues très copines. Il est agréable pour moi d'avoir une présence féminine dans l'équipe. On parle chiffons, on fait du lèche-vitrines ensemble, on regarde les hommes avec des yeux de femmes, parfois emplis de désir. C'est mon assistante, et nous ne nous quittons qu'en larguant les amarres.

Un dernier regard vers la baie de New York, ses gratte-ciel évoquant la puissance du Nouveau Continent il y a quelques décennies, et adieu l'Amérique, retour à la maison.

La météo est plutôt favorable les deux premières heures. Je retrouve la brume des bancs de Nantucket, ses pêcheurs invisibles, le stress de la collision. Heureusement, une sorte de sixième sens m'a toujours alertée à l'approche d'un danger. En général, si je me réveille avant l'heure ou si je n'arrive pas à trouver le sommeil, je peux être sûre qu'il va se passer quelque chose. C'est peut-être un instinct animal qui se réveille en moi lorsque je suis seule en mer.

New York n'est plus qu'un souvenir. Le luxe et le confort sont derrière et ne me manquent pas. Je suis chez moi, dans mon jus. Plus de contraintes, à part celles de la mer et du vent, une tout autre discipline. Plus de bla-bla, finies les marées humaines, les rues, les avenues encombrées, finis le brouhaha des nuits en ville, les réverbères, les rendez-vous, les horaires, le téléphone, les faux-semblants. Finis la civilisation, les rêves de terriens, les lois sociales, les flics, les PV, les limitations de vitesse, les frontières. Ici, tout est libre, la route est devant. Elle est longue et pleine de surprises, d'embûches et de mystères. Et d'ailleurs, ça commence.

Le vent n'est pas celui que j'espérais, et ma moyenne jusqu'aux bancs de Terre-Neuve est déplorable. Cinq nœuds. Ridicule lorsque l'on prétend battre un record de vitesse ! Mais je n'ai pas envie de rebrousser chemin pour attendre de meilleures conditions. Mon objectif, c'est la Route du Rhum, et cette tentative de record n'est qu'un entraînement. Mon réchaud est tombé en panne, et je vais devoir me contenter de la nourriture de survie. Des canettes d'une espèce de crème vanillée vitaminée, que l'on sert normalement dans les hôpitaux à ceux qui ne peuvent plus s'alimenter. Un petit régime ne peut pas me faire de mal. Nous les filles sommes toujours à la chasse au kilo en trop.

Enfin, je touche les vents d'ouest de l'Atlantique. Ça va vite, la moyenne remonte. Pour une fois, mon pilote marche. C'est la première traversée que je fais sans barrer. J'observe le bateau, je ne le connais pas à ces allures-là, je découvre ses humeurs, sa docilité autant que son côté rebelle. Je ne me lasse pas de regarder avec curiosité sa pénétration dans l'eau, parfois violente, brutale, parfois d'une grande volupté. Je teste ses limites, j'essaie de l'apprivoiser. Bien sûr, il n'a pas d'âme, il n'est qu'un objet, mais il me ressemble. Nous faisons corps, et je commence à le connaître, à le dompter, à savoir le mener.

J'apprends à me servir de mon plus beau jouet. Il est tout neuf, alors il a encore quelques travers de jeunesse. Je casse quelques drisses, mais cette course vers le cap Lizard n'est qu'un test pour la Route du Rhum.

Bientôt, cependant, je n'en peux plus. Je n'ai plus de cigarettes. Voulant réduire ma consommation, je les ai jetées à la mer. Je le regrette tant ! Quelques déconvenues plus tard, et surtout, après beaucoup de temps perdu et un manque de vitesse horripilant – surtout dans les derniers milles, où je tire des bords dans une brise très faible qui n'arrive même pas à rider la mer –, le vent m'envoie un coup dans le nord, un coup en Espagne. Je ne suis plus très loin, mais la fin est interminable.

Finalement, de nuit, je coupe la ligne d'arrivée. J'ai battu le record de l'Atlantique en solitaire, même si, au début et à la fin, cette aventure avait un peu l'allure d'un record de lenteur. Ce sont les aléas de la marine à voile. La météo n'est pas une science exacte. Il faut accepter de se laisser aller là où le vent vous mène, accepter de ne pas tout contrôler, de ne pas décider de tout, d'être surpris par l'imprévisible. On n'est pas à la SNCF !

La fête qui m'attend à l'arrivée à Brest est la plus belle que j'ai jamais eue. On est dimanche

15 août, et c'est la canicule. Les champs sont cramés, les prairies verdoyantes qui caractérisent la Bretagne ont fait place à une végétation jaunâtre, délavée par le soleil. On a l'impression de s'être trompé d'endroit, d'être en Afrique, où la chaleur vous invite à la sieste. Maurel est avec moi à bord depuis la ligne d'arrivée, au cap Lizard, et je profite à fond du spectacle. Je suis reçue avec tous les honneurs de la Marine, et même les bateaux pompiers sont là. La dernière fois que j'y ai eu droit, c'était en temps que naufragée ; aujourd'hui, je suis vainqueur. Je suis le marin solitaire le plus rapide sur l'Atlantique.

Mon surnom de Petite Fiancée de l'Atlantique me colle à la peau. Il a bon dos, l'Atlantique ! Je suis la femme la plus heureuse du monde, je vole, je nage, je suis sur un petit nuage. Les Brestois, la presse, les amis, la famille me reçoivent avec des milliers de fleurs roses. Bientôt, mon bateau en est couvert, la mer aussi. Je suis une fille, cela me touche énormément. Il est bien loin le temps où les garçons venaient nous compter fleurette, un petit bouquet à la main… Aujourd'hui, on porte nos sacs nous-mêmes, et en plus, on prend la porte en pleine figure. C'est l'égalité des sexes. Mais un gros bouquet fait du bien.

Il fait cinquante degrés le jour, presque autant la nuit. Brest prend l'allure d'une ville méridionale, les filles sont en minijupe, et les baigneurs envahissent les longues plages de sable blanc du Finistère. Ça sent les vraies vacances. La presse se jette sur moi. Je vais remplir les pages des magazines toujours à la recherche de sujets pour les aoûtiens.

La Route du Rhum approche à grands pas. Nous devons faire quelques petites modifications sur *Pierre Ier*, et tourner le clip de mon duo avec Bachelet. Nous le ferons sur le *Bulldog*, un remorqueur de haute mer, normalement destiné aux mers hostiles du Grand Sud.

12

La vraie victoire

(1990)

Maurel est très grognon. Je viens de virer trois équipiers. Nous avons tourné le clip avec Bachelet en un week-end, le samedi avec une équipe, et le dimanche avec une autre. Le lundi matin, à part Patrick et moi, il n'y a personne sur le chantier. Ils récupèrent, me disent-ils. Ils ont bossé samedi.

Pierre Ier est sans doute une des écuries où l'on est le mieux payé, et il me semble que lorsque l'on choisit le métier de préparateur, on doit être souple au niveau des horaires et disponible. Un vieux dicton marin rappelle : « La marée n'attend pas le roi. » Deux mois avant la Route du Rhum, on devrait pouvoir naviguer après dix-huit heures, le samedi parfois aussi, par beau temps, sur le plus beau bateau du monde... On n'est pas au bureau, et encore moins à l'usine. Nous faisons le plus joli métier qui soit, nous réalisons nos rêves, nous vivons avec passion. Même si je vais partir seule de Saint-Malo, ce projet est une histoire d'équipe. Tout le monde travaille à la préparation d'une belle aventure. Chacun a son importance dans le puzzle. Nous avons besoin de toutes les compétences, de bonne volonté et, surtout, de souplesse. La réussite se tisse jour après jour, dans la préparation.

En attendant, donc, Patrick peste car, avant de reformer une équipe, nous ne sommes que deux à bosser à bord. Patricia, elle, s'occupe uniquement de l'intendance. Pour couronner le tout, en me tordant le cou, un chiropracteur me déclenche une hernie discale aux cervicales. J'ai horriblement mal, et ce n'est pas le moment. Autant dire maintenant que Maurel est seul.

Une semaine plus tard, je suis contente de retrouver Gaby et Fred, avec lesquels j'ai de bons souvenirs autour du monde sur *Charles Jourdan,* et Mouette, que j'ai croisé depuis des années à droite et à gauche, sur les pontons de Méditerranée. Ils viennent remplacer les syndicalistes qui m'envoient aux prud'hommes, et c'est reparti comme en quatorze ! À Brest, une ville au taux de chômage très élevé, je n'ai aucune chance au tribunal, mais je m'en fiche. Ce sera ma quatrième Route du Rhum, et je n'ai pas l'intention de laisser passer ma chance. Mon sponsor a investi beaucoup d'argent, c'est la première fois que j'ai l'impression d'être à armes égales, je lui ai promis d'être sur le podium.

Manque de chance, pour éviter l'opération, me voilà affublée d'une minerve depuis le menton et le milieu de la tête jusqu'au milieu du tronc. Elle m'interdit tout mouvement, à part ceux des yeux. Je peux à peine desserrer la mâchoire pour manger, même après l'avoir un peu bricolée. Les médecins me recommandent du repos, de l'immobilité et, tous les jours, des séances d'extensions chez le kiné. J'ai à peine la force de soulever le combiné pour répondre au téléphone, je me bourre d'antalgiques pour arriver à dormir. Je suis sage comme une image, plus que jamais motivée, suivant à la lettre toutes les précieuses recommandations du corps médical. C'est dans la concentration que je prépare cette épreuve. Depuis longtemps, je travaille avec Denis Cellier, mon « gourou » : sophrologie, visualisation, respiration et différentes méthodes de gestion du stress et de récupération.

Mais le doute m'habite. Ne vaudrait-il pas mieux confier *Pierre Ier* à un de mes valides équipiers ? Depuis mon record de l'Atlantique, mes bras ont fondu de moitié, et mes forces sont anéanties. L'enjeu est de taille. Tous les meilleurs sont là : Poupon, Birch, Péan, Bourgnon, etc. Ils ont tous de bons bateaux, comme le mien – moins beaux, mais aussi rapides –, une solide expérience, un fameux parcours, la rage au ventre, une terrible envie de gagner.

Mais patience ! Je garderai cette minerve le plus longtemps possible, et le temps fera le reste. Je m'habitue à bouger différemment, à regarder sans tourner la tête. J'apprends de nouveaux mouvements, même à bord. Le bon Dieu a bien fait les choses : nous sommes pleins de ressources insoupçonnées, articulés comme des pantins, dotés d'une énergie intarissable et d'une formidable envie de vivre, de progresser, de réussir, de nous en sortir, d'évoluer et de faire avec. La mer m'a appris cela : faut faire avec.

Depuis quelque temps, je suis très médiatisée, et la pression est forte. Heureusement, *Pierre Ier* est prêt. L'équipe a bien bossé. En sortant du briefing météo les bras chargés d'une voile en plus de la minerve, la veille du départ, on me reproche de ne pas prendre le temps de m'arrêter signer des autographes à tous ceux qui se pressent pour voir les héros de l'Atlantique. Le matin même du départ, la une de *L'Équipe* titre ainsi : « Florence Arthaud ou la voile déchirée. Si on l'appelle la Petite Héroïne de l'Atlantique, ce n'est pas par hasard. » Et de continuer en arguant que ma minerve constitue une bonne excuse pour faire pleurer les Français ; encore une fois, je prendrais le départ sous les projecteurs et, encore une fois, je ferais demi-tour après quelques jours ! Comme si je n'étais qu'un produit médiatique, une jeune fille en recherche d'aventures et de faux exploits… Comme si j'abandonnais facilement.

En lisant tout cela, je garde mon calme. Mes proches s'indignent, mais je décide de ne rien répondre. Jamais je ne répondrai à ce genre d'attaque. Que sur l'eau, sans mots, avec des résultats ! J'ai toujours détesté le jugement des journalistes, sportifs ou autres. Les performances des athlètes sont acquises au prix d'énormes efforts et d'énormes sacrifices. Comment peut-on les critiquer en restant bien calé dans son fauteuil au bureau ? J'ai l'habitude des critiques, je suis une proie facile, un peu exubérante. Je m'en fiche. Certains parlent, moi je fais.

J'ai d'autres chats à fouetter aujourd'hui, je m'apprête à larguer les amarres. En plus du stress habituel, je suis assez tendue, absente. Lorsque je me retrouve enfin seule, moment toujours poignant après les adieux, je manque de force pour border mes voiles, et certains sont plus rapides ; ils ont pris un meilleur départ. Toujours les mêmes : les coqs, les beaux garçons bien musclés au regard salé, aux airs d'aventuriers, aux idées salaces ; bref, les jeunes loups, à peine ridés par leurs héroïques épopées. Moi, je dois avoir l'air plutôt désespérée, mais décidée.

Nous sommes lancés vers cette mythique pointe de Fréhel à vingt-trois ou vingt-cinq nœuds. Les spectateurs sont tassés sur cette bande de terre et nous regardent comme si nous étions des visiteurs, des êtres de passage, comme s'ils nous voyaient pour la dernière fois.

Mon dernier contact proche, c'est avec Loïck Peyron. Après quatre jours de mer, nous sommes tout près l'un de l'autre, presque à se toucher. Nous galérons tous deux dans un changement de gennaker. Après la manœuvre, nous échangeons quelques mots en VHF. Cela fait longtemps que nous sommes concurrents. Lui aussi a fait l'école buissonnière pour ses premières transats en solitaire, et il est encore là. J'étais jalouse comme une môme de la déco de son bateau au départ de Saint-Malo, en 1986. Notre ami commun, Yannick Manier, artiste, voyageur et marin, avait zébré son cata comme dans *Le Livre de la jungle*. Nous sommes tous deux en tête *ex aequo*, m'annonce-t-il. Les autres ne sont pas loin.

Je passe première au quatrième jour. Il faut durer, tenir cette première place, il faut la garder, rester devant, comme un chef de bande à l'école. C'est notre fierté immédiate. Le jeu doit être loyal, le résultat importe peu si la bagarre est honnête. Puis j'augmente encore mon avance. Je double Bruno, le frère de Loïck, dans un front où je vais prendre cent milles d'avance sur toute la flotte.

Et puis rideau : plus de son, plus d'image. La radio est en panne. J'ai un problème électrique à cause de mon pilote automatique. Les Açores sont parées, et là, c'est la santé qui défaille. Je me vide de mon sang. Je vous passe les détails sordides, mais j'ai peur, peur de mourir. Je m'affaiblis, et je suis coincée à la barre loin du monde réel, avec personne à qui parler, et le sang coule toujours à flot. C'est horrible, il y en a partout. Pour dormir une petite demi-heure par-ci, par-là, il faut que j'arrête la marche du bateau. Abandonner ou déclencher ma balise de détresse ne servirait à rien, c'est d'un médecin que j'ai besoin, et de sang.

Au bout de trois jours, le calvaire cesse. Mais je n'ai plus d'informations météo, et je dois me fier à mon instinct. J'avais une confortable avance il y a trois jours, peut-être que quelques bateaux m'ont rattrapée. Birch, Poupon, Bourgnon ne doivent pas être loin. Tout vacille, j'ai la tête qui tourne, il me faut un peu de sommeil. J'ai réparé mon pilote automatique, et peux aller dormir. Peut-être ne me réveillerai-je jamais, et je m'endors en pensant sombrer dans un sommeil éternel. Je n'ai plus peur. Il est doux de se laisser partir.

Je me réveille dans un état second. Plus près de toi mon Dieu. Ouf, je ne suis pas morte ! Maintenant, il faut rattraper le temps perdu et trouver un hôpital. En attendant, j'ingurgite tous les antibiotiques de ma pharmacie. Je regarde le ciel, je devine le vent, j'essaie de trouver l'inspiration, je fais quelques incantations. Tous les moyens sont bons.

Je barre vingt-deux ou vingt-trois heures sur vingt-quatre, n'ayant pas prévu assez de gazole pour recharger les batteries. Je plane, j'existe dans une autre stratosphère, une autre réalité, je vis sans aucune nouvelle du monde des vivants, un peu sauvage, un peu animale, un peu philosophe – un tout petit peu –, un peu spirituelle. Les minutes et les heures s'enchaînent et se suivent. La nuit, tous feux et instruments éteints, je barre au feeling, en suivant les étoiles. Le jour, je me laisse guider par le vent sur la joue et par les penons, de petits brins de laine accrochés dans les haubans pour indiquer la direction du vent. Je mets le pilote automatique deux demi-heures par jour pour dormir, et un petit quart d'heure pour rallumer mon GPS et me situer sur la carte. Mes pensées s'évadent loin. Il fait chaud, très chaud, la vie prend un rythme sans surprises. La mer est toujours la mer. Du bleu, du bleu partout, à l'infini. Le soleil se couche toujours à l'ouest, c'est rassurant, immuable, éternel.

J'essaie de me frayer un passage dans d'autres alizés que mes concurrents, bien que je ne sache pas du tout où ils se trouvent réellement depuis le sixième jour de la course. Je pense que Mike aura pris l'option sud, je sais que Philou tente celle du nord, la mienne est entre les deux. J'essaie de découvrir des indices qui me parlent et de choisir la bonne route. Sans contact aucun avec l'extérieur, l'instinct revient et je suis comme un animal qui cherche son chemin. Je profite de l'expérience que j'ai sur ce trajet – c'est tout de même ma quatrième Route du Rhum.

Un matin, à l'aube, à la sortie d'un grain, le ciel se déchire, et j'aperçois La Désirade, la petite île avant la Guadeloupe. Elle est assez sévère, surtout avec cette lumière. Sa côte est accore ; pas de port, quasiment pas de vie à part la léproserie.

Je cherche du regard d'autres voiles devant moi, derrière, à droite, à gauche. Personne. Autour de mon bateau, pas d'autres concurrents. Où sont-ils ? Il y a vingt-quatre heures, j'ai été survolée par un Breguet. Je ne voulais pas leur parler pour ne pas consommer d'énergie, mais après qu'ils sont passés plusieurs fois au-dessus de moi, j'ai finalement répondu à leurs appels. Lucky (Poupon) était dans l'avion, et il m'a annoncé que j'étais toujours en tête. Waouh !...

Cela m'a un peu paniquée. Finalement, j'étais plus sereine sans nouvelles. J'espérais seulement que le vent tournerait au sud-est, comme je l'avais imaginé. J'avais pas mal d'avance, et je pourrais ainsi prendre une allure plus favorable que les autres, mais en vingt-quatre heures, tout peut arriver. Rien n'est jamais fini tant que la ligne n'est pas franchie. Ne pas crier victoire trop vite... Et le vent a tourné comme je l'avais souhaité.

La Guadeloupe approche, et toujours pas âme qui vive à l'horizon. Je dois faire le tour de l'île, virer une bouée sous le vent – où il n'y a pas de vent –, et puis tirer les bons bords dans le canal des Saintes. La fin de la Route du Rhum est toujours une épreuve interminable et pleine de surprises. Cela ne m'inquiète pas trop. Je connais bien et, avant le départ, je suis venue survoler l'île pour repérer les risées des zones de vent, de calme, et les courants. Je reste donc concentrée et sûre de moi.

Le soleil monte et commence à chauffer. Encore un avion ! Il est tout petit, celui-ci. Il vient vers moi, et c'est Olivier (de Kersauson) qui me confirme ma première place et mon avance confortable. Mon cœur chavire.

Pourtant, c'est vrai. Je suis première. Zen, restons zen. Quelques bateaux viennent à ma rencontre et m'escortent, me soutiennent. Ils sont de plus en plus nombreux autour de moi. Des pêcheurs d'abord, et des plaisanciers. Je crois qu'ils ont envie que je gagne. Tout ça est incroyable, irréel. J'aimerais toucher cette vérité, ou bien : est-ce un leurre ? Un mirage, un rêve. Non, je ne rêve pas. Je deviens la femme la plus rapide sur cette route.

Je gagne, je les banane tous. Surtout Philou, mon modèle, mon idole. Incroyable ! Il y a tellement de monde à la bouée de Basse-Terre qu'il m'est impossible de la voir. Je réduis la toile afin d'être plus à l'aise. Ce que je crains le plus aujourd'hui, c'est la collision. Les gens n'ont pas l'habitude de la vitesse de nos bateaux, et c'est à moi de les éviter parfois.

J'utilise les quelques litres de gazole qu'il me reste pour le pilote, et je regarde autour de moi. Les contours de la Guadeloupe, les odeurs de la terre, les bateaux qui m'encerclent, la vie, les gens… La victoire toute proche. La lumière est magnifique dans la dernière ligne droite. Tout est doré. Je vois mes parents, mon frère, mes amis, ils sont tous là. Ils sont tous venus partager la magie de ces moments avec moi. Il faut rester concentrée, tout peut encore advenir…

Et finalement, j'arrive, Maurel saute à bord et m'empoigne. Aïe, mon cou ! Je l'avais oublié, j'ai jeté ma minerve au bout de trois jours. Il est fier de moi, je crois. Fier du travail de toute l'équipe qui m'a portée jusqu'à cette victoire.

Le quai est noir de monde, de femmes, de Guadeloupéennes qui reprennent leurs droits sur leurs maris. Ce soir, quelque chose a changé ; ce soir, c'est la femme qui va commander à la maison, disent-elles, comme si elles ne l'avaient jamais fait. En Guadeloupe, on m'aime bien, on me connaît depuis la première Route du Rhum. On m'appelle Françoise. « Françoise, tu es courageuse ! » me disent-ils.

Pourquoi ai-je gagné ? Sans doute parce que c'était mon tour, parce que je l'avais mérité. Même ma fausse couche ne m'a pas arrêtée. Le bon Dieu, d'un petit coup de baguette magique, m'a choisie cette fois. « La petite mérite », a-t-il dû se dire. Et voilà, c'est aussi simple que cela : il faut attendre son tour. Il faut y croire et, surtout, être patient et persévérant.

Je suis accueillie par un ministre qui me remet la coupe du président. Etevenon, lui, la larme à l'œil, me remet un petit chèque. Il est émotif et ne peut s'empêcher de verser une larme en pensant certainement à mes débuts, quand je n'étais rien qu'une sale gosse. Christian Garrel, mon sponsor, lui, m'offre un caillou à faire monter en bague place Vendôme.

Je fais aussi la connaissance de Jean-François Deniau. Mon père me le présente à l'arrivée. Encore un ministre, me dis-je en soufflant, mais nous sympathisons tout de suite. Ce garçon est un charmeur. C'est un aventurier dans l'âme. Il aime la mer et les marins, il aime les situations inhabituelles et rocambolesques. Nous deviendrons très amis.

À la conférence de presse, je n'ai pas grand-chose à dire : ma victoire parle d'elle-même. Le choc est assez brutal, un retour à la réalité qui n'en est pas un. Tout ceci ressemble plutôt à un conte de fées. On me demande si je suis fière. Oui, je le suis. Je n'ai pas honte d'être fière. C'est un sentiment tout à fait respectable lorsqu'il est simple et vrai. Cette victoire, je la partage en famille, avec mes amis, mes concurrents et mon sponsor qui a cru en moi. J'invite tout le monde aux Saintes, où j'ai réservé un hôtel entier.

Il va falloir apprivoiser cette nouvelle notoriété…

13

La gloire

(1990-1992)

« Pardon Florence ! » C'est le titre de la une de *L'Équipe*. Cette fois-ci, c'est une pleine page, pas une demie. Je deviens une des femmes les plus médiatisées de France, les plus populaires, les plus enviées. Les médias se jettent sur moi. Je suis la proie de tous les sondages de notoriété, de popularité, et autres. Il paraît qu'une grande partie des Français voudrait m'épouser ou faire un enfant avec moi. Les pauvres ! S'ils savaient, s'ils me connaissaient... La preuve que la presse a quelque chose de tout à fait illusoire. Il ne faut pas croire ce qu'on lit dans les journaux.

Comme dirait Johnny : « Je n'suis pas un héros ! » Certains se plaignent de leur notoriété, d'autres s'en nourrissent. Certains portent des lunettes noires en plein jour et ne se mêlent plus au petit peuple, d'autres sont vexés de ne pas être reconnus dans la rue. Moi, je m'en fous ! Je savoure mes délicieux moments seule au large, sans public, seule avec mes rêves, mes pensées, mes désirs d'évasion. Ma victoire est avant tout une victoire sur moi, mes voyages une exploration du monde. C'est mon âme que je sonde et que j'écoute. Je ne cherche pas à séduire, j'essaie seulement de vivre.

Ceci étant dit, j'aime le mystère de la mer, mais j'aime aussi la vie à terre avec toutes ses paillettes et son humanité. J'aime les contrastes, j'aime le monde, j'aime la solitude, la musique, le silence, les différences. J'aime la découverte. Je veux tout. Je mords la vie à pleines dents, je dévore les plaisirs, j'en accepte les souffrances, j'essaie de grandir, sans vieillir, en restant naïve, prête à tout saisir, toujours prête à partir.

Que dire de cette espèce d'euphorie, cette légèreté, quand tout est facile, tout est arrivé, lorsque la plupart de vos rêves de jeune fille se sont réalisés ? Des femmes m'ont parfois dit : « Je vous admire. » Des femmes qui bossaient pour nourrir leur famille, qui enchaînaient le quotidien en s'oubliant, qui voyaient grandir leurs enfants, et puis les voyaient partir. Je n'aurais jamais eu ce courage-là, d'aller au bureau tous les jours – sans parler de l'usine. Il n'y a pas besoin de courage pour réaliser ses rêves. Je laisse derrière moi des années de bonheur, d'insouciance.

Je suis récompensée de tous les côtés, souvent avec Titouan Lamazou, qui vient, lui, d'être sacré champion du monde. Généralement, nous oublions nos prix, coupes et plats en argent dans le taxi après la cérémonie. Sinon, ils deviendront les trophées de la course de vélo qu'organise Jean Le Rouzic à La Trinité-sur-Mer tous les ans en fin de saison, pour les marins.

Cette victoire me vaut d'être dans le dictionnaire, pour avoir battu les hommes sur une course transatlantique. Je suis au musée Grévin aussi, entre Michael Jackson et mère Teresa.

Vite, vite, il faut repartir, aller en mer, courir, faire ce que j'aime, ce que je sais faire !

En équipage, entre amis, en famille... Le bateau doré est le bateau de l'amour. Nous repartons pour un Tour de l'Europe avec notre plus fidèle concurrent, Jean Maurel. Les escales sont hautes en couleur, avec compétition le soir dans les bars. On s'amuse, on a de beaux jouets, et même un hélico (celui de Canal+), piloté par notre ami Jacky, qui doit nous survoler de Lorient à Plymouth, et jusqu'en Italie, pour faire de belles images. Il pourrait parfois toucher notre flotteur tant il s'approche, et sans le vacarme infernal, nous pourrions presque nous parler. Aux escales, il nous arrive de nous en servir pour aller à la plage ! J'ai trente-trois ans et l'impression d'avoir beaucoup de chance. Les courses et les victoires s'enchaînent. Tout brille, tout est auréolé de réussite. Nous gagnons le record de la traversée de la Méditerranée en 1991, plus rapides que le ferry de Marseille à Tunis ; puis le Triangle de la Méditerranée (La Ciotat-Ajaccio-Saint-Tropez-La Ciotat). Notre équipage est inséparable, même à terre. Nous sommes en train de tisser de jolis souvenirs, de vraies amitiés. Nous vivons des instants inoubliables.

Au moment où je suis sur le devant de la scène, il me semble que ma notoriété ne sert à rien ni à personne. À cette époque, vers 1990, je rencontre Michel Gilibert, le ministre des Personnes handicapées. Il me demande de servir la cause des gens qui, comme lui, sont privés de bras, de jambes, de mouvements, de liberté, de dignité. Des destins brisés, maudits, des vies de souffrances, dans l'ombre, dans l'oubli. Il agit, il crée des lois, qui obligent notamment les entreprises à embaucher un quota de personnes handicapées sous peine d'une amende. Mais la majorité d'entre elles préfère payer l'amende. Tant que ce genre de drame ne frappe pas à votre porte, vous ne le voyez même pas, ni même ne l'envisagez. Ceux qui s'investissent au travers d'associations, pour améliorer l'existence des laissés-pour-compte, ont souvent dans leur famille un parent non valide. « Si je n'avais pas eu cet accident, me dit un jour le ministre, je serais mort con. » Je deviens alors marraine des Jeux paralympiques à Val-d'Isère. Le contact avec ces gens de courage me donne une force incroyable. J'ai deux jambes, j'ai la chance de pouvoir courir ! *Yes !* Et je vais continuer à courir sur des mers bleues, des mers vertes, des mers énormes, des mers calmes, des océans, des lacs, des détroits, partout où il est possible d'aller en bateau.

La gloire

L'année 1992 est un grand rendez-vous : l'Ostar. Elle ne m'a jamais porté chance, mais je suis fin prête, un peu prétentieuse même, au point de partir avec des lattes en carbone, plus légères et plus rigides. Je voudrais faire comme Philou : gagner la Route du Rhum *et* l'Ostar, faire un doublet.

Quelques jours après le départ, je prends une option afin de contourner une dépression par le nord et d'avoir des vents plus favorables. Le ciel est chaotique, et la prudence est de mise. Près du centre de la dépression, les réactions du vent peuvent être plus violentes. En fait, nous sommes deux à avoir pris cette option : Laurent Bourgnon et moi. On le surnomme le « Petit Prince du gennaker ». C'est la nouvelle star de la voile.

Malheureusement, les lattes en carbone se révèlent être un mauvais choix. Elles cèdent les unes après les autres, et je perds un temps précieux à essayer de les réparer. Au lieu de dormir, je bricole. Pierre Lasnier, le magicien de la météo, me fait prendre une route sud en espérant pouvoir me faire profiter de vents portants. Ça marche. Je fais vingt nœuds de moyenne, alors que les autres, un peu plus au nord, luttent contre des vents contraires. Après avoir réussi à réparer et renvoyer de la toile, *Pierre Ier* file à vingt, vingt-cinq nœuds, tranquille, sous pilote automatique. Je suis seconde derrière Loïck Peyron, qui a vingt milles d'avance, mais ne marche qu'à onze nœuds. Je ne vais en faire qu'une bouchée !

Quelqu'un de normalement constitué profiterait de cette aubaine. Je devrais aller me coucher, puisque le bateau va vite sous pilote. Eh bien, non ! Je prends la barre, les écoutes à la main, je relance la machine et augmente ma vitesse. Je ne suis jamais allée aussi vite. Entre vingt-cinq et vingt-huit nœuds en permanence. Je me méfie quand même, car hier, j'ai failli chavirer. Le bateau s'est dressé à la verticale, a hésité et, finalement, est retombé sur ses trois pattes. Ouf ! Il est gentil, me suis-je dit.

Après cette émotion, je ralentis l'allure, mais j'oublie vite ma frayeur et remets les gaz tout en restant vigilante. Les deux écoutes à la main, je suis prête à tout larguer, ce que j'ai fait hier quand j'ai failli me retourner. Je suis dans mon petit cockpit central étudié tout exprès. Si le bateau se retourne, je tombe à l'intérieur au lieu d'être éjectée à la mer. Je ne cours donc pas, comme Maurel lors de notre dernier chavirage, le risque de me noyer. Mais ce qui devait arriver arrive. Je fais la culbute. J'ai été trop gourmande. C'est assez violent. Un flotteur enfourne violemment dans une vague, le bateau s'arrête, et je m'écrase dans la cabine, la tête la première. Assommée.

En me réveillant, je suis perdue. J'ai rêvé que j'étais en croisière avec mon petit frère Hubert, et c'est à quatre pattes que je le cherche de l'avant à l'arrière. « Y a quelqu'un ? Hubert, t'es là ? Y a quelqu'un ? » Non, personne. Je suis toute seule. Je me souviens que je suis en solitaire. C'est une évidence, je viens de chavirer. Je suis comme une môme qui a l'impression d'avoir fait une grosse bêtise.

Première chose : mettre sa combi de survie, ensuite, sortir par la trappe prévue pour ce genre d'occasion, et déclencher la balise Argos, puis mettre de l'ordre dans ce capharnaüm, où tout est sens dessus dessous. Je grimpe à califourchon sur la coque pour guetter. Je peux tenir longtemps, j'ai de l'eau et de la nourriture de survie. Il faut s'occuper, car je n'ai pas envie de cogiter. Ce n'est pas le moment de réinventer le monde. J'accomplis des gestes mécaniques, j'essaie d'être méthodique. Me voilà seule au sud des bancs de Terre-Neuve, bateau à l'envers, tête ailleurs, immobile, incapable d'autre chose que d'attendre passivement de croiser la route d'un cargo qui viendrait à mon secours. Je bouchonne sur l'eau, je suis impuissante, désarmée, le temps pour moi s'est arrêté. Je ne pense à rien, je suis très fatiguée. Je m'accorde une petite sieste là où il n'y a pas trop d'eau. Le monde est bien loin, la course aussi, mais je suis en sécurité. J'ai confiance.

Soudain, la mer se forme, et le vent s'amplifie. Un gros cargo se dirige droit sur moi. J'ai peur qu'il ne me voie pas et qu'il me coupe en deux. Pour la première fois, il faut que je tire une fusée de détresse. Après avoir lu la notice et raté la première, c'est bon, mais le géant n'a pas changé de trajectoire. Normal : il vient me chercher. Il s'approche, il s'accouple, on me lance un filin. Raté, impossible de l'attraper. Mon flotteur cogne contre sa coque, j'ai l'impression qu'il va exploser, et je me retrouve sous la voûte du cargo. Je suis pétrifiée. Je vais être prise et engloutie dans les remous des hélices. Tout est fini. J'ai peur, peur de mourir. Je ne pense plus à rien, je regarde, impuissante, et j'ai peur.

Et puis finalement, ça passe. Le capitaine a fait arrêter les moteurs. Je respire. Jésus, Marie, Joseph ! Ils restent à proximité et mettent à l'eau un radeau de survie. J'ai préparé un petit sac avec quelques effets personnels, mon ordinateur et des trucs de fille. Mais je dois sauter à l'eau pour rejoindre leur embarcation, et je ne peux emporter que mon passeport, bien emballé dans une pochette en plastique. J'abandonne tout. Arrivée à leur bord, je pleure à chaudes larmes en voyant mon bateau s'éloigner et leur demande : « *Where are you going ?* » Ils battent pavillon américain, et je pense qu'ils vont m'emmener jusqu'aux États-Unis, puisque nous n'en sommes qu'à deux jours. Eh bien non : direction Southampton, là d'où je viens ! Maurel et l'équipe technique se chargeront de récupérer le bateau.

J'ai toujours rêvé de traverser l'Atlantique en temps que passagère, mais j'aurais préféré le faire dans d'autres conditions, sur le *France*, par exemple, en première classe, où mon seul souci aurait été de choisir une petite toilette pour chaque soirée. Le sort en a décidé autrement. C'est en combinaison de survie que j'atterris sur le *Faust*, qui ne transporte pas des passagers, mais des camions, des voitures, des Caterpillar, sur quatorze étages... J'ai néanmoins une cabine. Ce n'est pas une suite, mais elle est confortable, sèche, avec des draps et une douche. Il ne manque que le minibar. Je n'en sors d'ailleurs que pour aller dîner ou déjeuner avec le capitaine et sa femme, qui m'a gentiment équipée de sous-vêtements. On pourrait en loger deux comme moi dedans.

Pour la première fois de ma vie, je ne monte jamais sur le pont, je ne veux pas voir la mer. Je reste terrée dans ma cabine et n'en sors que pour rejoindre les machinistes en sous-sol. Ils sont tatoués, ont fait le Viêt Nam et ont une petite réserve personnelle de vodka. Ils me remontent le moral. Ils sont charmants et ne me manquent jamais de respect.

Ma famille m'accueille à l'arrivée en Angleterre. Mon naufrage me vaut d'être invitée à la célébration du bicentenaire de l'indépendance des États-Unis par la compagnie maritime qui s'enorgueillit d'avoir sauvé la Petite Fiancée de l'Atlantique du naufrage. Bravo pour le feu d'artifice ! Et dans la presse new-yorkaise, on parle de moi comme de la « *poor little Frenchie* » sauvée par un cargo américain.

14

La maternité

(1992-1995)

En 1990, avec Titouan Lamazou, Jean-François Coste, Yvon Fauconnier, Gabriel Guilly, Thibault Le Fournier et Yves Le Cornec, nous inventons le Trophée Jules Verne. L'idée est venue de Mickey et d'une discussion aux chandelles entre nous. Costo, c'est Jean-François Coste. Nous avons découvert par l'intermédiaire de ma grand-mère que nous étions cousins d'Algérie. Nos arrière-arrière-grands-mères étaient sœurs. Bref, il fait partie de cette bande qui a navigué avec Tabarly, comme Philou, Titouan, Jean-Louis Étienne, et bien d'autres. Ils sont restés très liés.

Nous imaginons devant un planisphère qu'il serait un jour possible de faire le tour du monde sans escales et sans assistance en moins de quatre-vingts jours, comme Phileas Fogg et Passe-partout, mais à la voile uniquement, en partant de la pointe extrême de l'Europe, en laissant les trois caps à bâbord, en utilisant seulement les forces naturelles de l'homme et du vent. Parcours libre entre les trois caps.

Pour y participer, Titouan mise sur un grand monocoque. Avec Pierre Ier, mon sponsor, nous nous lançons dans l'étude d'un maxi-trimaran de quarante mètres. Mais nous sommes alors en 1992, et la crise de l'immobilier bouscule tous mes projets. Mon sponsor, en liquidation, est obligé de vendre mon bateau, qui est saisi par les banques. Me revoici donc à la recherche d'un nouveau commanditaire – le côté désagréable du métier de marin –, et aussi d'une maison, car je suis enceinte. Je n'ai jamais habité nulle part, j'ai vagabondé sur toutes les mers du globe ou presque, et il faudra bien que cette petite ait un toit quelque part.

Je choisis le Finistère. J'aime la violence de son climat, ses côtes déchiquetées, ses îles de naufrageurs. Mon ventre s'arrondit, et je trouve l'endroit de rêve pour que ma fille découvre le monde : un vieux fort d'époque Napoléon III construit après qu'un amiral anglais fait prisonnier eut avoué les visées anglaises sur la Bretagne. Les côtes furent alors protégées par de petits fortins dispersés un peu partout et inspirés du modèle Vauban.

Le nôtre est au milieu des champs de patates, au bord du chenal du Four, avec vue sur Ouessant, Molène et Beniguet, sans doute une des maisons habitées le plus à l'ouest de France. Après, c'est l'Amérique. La chambre de bébé est prête, protégée par d'épais murs de granit. Je retourne tout de même accoucher à Paris près de ma maman, à Neuilly plus précisément, car je suis très snob, et rien ne sera assez bien pour ma fille !

Comme pour toutes les mères, ce jour est sans doute l'un des plus beaux de ma vie. J'ai connu des moments magiques, mais aucun comme celui-là. Donner la vie a quelque chose de divin. Cette petite âme m'a choisie comme mère. Je ne me sens pas la fibre maternelle dont tout le monde parle. Comment et quand la nourrir ?... J'apprends à connaître cette petite étrangère qui fait irruption dans ma vie. Je l'observe et l'écoute, nous faisons connaissance, déjà nous nous aimons d'un amour éternel. Qui es-tu, petite Marie ?

La famille se penche sur elle en essayant de lui trouver un air du père, les oreilles de la belle-mère, le regard d'Untel... C'est insupportable. Ce petit être ne ressemble qu'à lui, à lui seul. Son destin est le sien, et il vient croiser le mien. Nous allons partager un bout de vie ensemble, pour le meilleur.

Elle n'a que onze jours quand Loïc, son papa, et moi la prenons sous le bras, avec Jane Redford, qui jouera à la nurse anglaise, et nous nous envolons vers la pointe extrême de la Bretagne. Nous nous initions à notre nouveau métier de parents. Nous n'y connaissons rien en bébé, mais suivons scrupuleusement les indications des infirmières et apprenons par cœur les livres de Dolto, et d'autres, en concluant que la méthode africaine (contact avec la peau, bébé kangourou que l'on emmène partout) est la meilleure. Il ne nous reste plus qu'à la couvrir de bisous. Nous remplissons un journal de bord qui consigne toutes les informations quotidiennes. Qu'a-t-elle mangé ? À quelle heure s'est-elle réveillée ; pipi, caca, tout ça. On la pèse toutes les cinq minutes, on est très attentifs.

Elle est plutôt cool, avec son regard noir, son petit duvet orange qui garnit à peine son crâne presque chauve. Elle mange bien, dort bien, ne pleure pas ou peu, fait ses nuits au bout d'un mois Mise au diapason dès le début, elle a bien saisi qu'avec une mère comme moi, elle devra suivre le pas. Et elle suit.

Je l'emmène partout avec moi. Pas au supermarché ni au bistrot, mais partout dans le monde. C'est toute une expédition à chaque fois J'étais habituée à voyager seule avec une brosse à dents et une carte bleue dans la poche arrière du jean. Aujourd'hui, j'ai le couffin, les couches, le Babycook, les biberons, le lit de bébé… des tonnes de sacs ! Il ne manque plus qu'un chien, un oiseau en cage et un poisson rouge. Nous adopterons un chien et préférerons les poissons volants ou les dauphins au bocal ou à la cage. Nous optons pour la plage plutôt que pour l'école maternelle, les îles plutôt que la ville. Elle apprend la vie en baroudant, en barbotant, en jouant dans la neige, dans le sable, dans l'eau, sur l'eau, sous l'eau, en batifolant. Elle est l'objet d'un émerveillement quotidien. J'essaie d'être la meilleure maman du monde, Loïc est le meilleur papa qui soit. Bref, tout est beau, léger, gai, tendre et plein d'amour.

Nous nageons dans le bonheur. Et nous nageons pour de bon lorsque son père et moi nous retrouvons à l'eau, naufragés à huit milles des côtes de la Corse, alors que Marie n'a que deux mois et demi. Nous participons à un raid autour de l'île de Beauté sur un petit cata. C'est la fin du mois d'octobre, et il ne fait pas beau. Nous avons pris une option au large, comme Pajot et Cracky, que nous talonnons. Nous chavirons une première fois. Ils se retournent pour vérifier que nous ne sommes pas en détresse. Dans ce genre de course, un problème est vite arrivé. Les régates ont lieu même par mauvais temps, et on se retrouve facilement en situation de survie, sur ces petits jouets de dix-huit pieds – cinq mètres – au ras de l'eau.

Je n'avais jamais laissé ma fille à qui que ce soit avant cet épisode. Ma mère s'en occupe en Corse, je ne veux pas être trop loin géographiquement de la dernière petite merveille du monde. Ce jour-là, Loïc et moi sommes vraiment en mauvaise posture. Nous sommes finalement secourus par un bateau concurrent à l'arrière de la course. Il nous récupère après deux heures de nage en direction de la côte. Sans eux, Marie serait orpheline.

L'hiver arrive, et il est temps de quitter la Bretagne pour les îles et le soleil. Direction Saint-Barth, où nous serons accueillis chez les Poupon. C'est le premier Noël de Marie. Pas de sapin, mais des cocotiers, du sable chaud et l'eau à trente degrés. Sa première nuit en mer aussi ; de Saint-Barth aux Saintes, sur le grand *Swan* dont Boucher est le skipper.

Nous rentrons avec le retour du printemps, Marie a sept mois. Il est temps de reprendre la route. J'ai eu la chance de pouvoir profiter de longs congés de maternité, mais il faut aujourd'hui renouer avec le boulot, et quel boulot ! Destination les îles, encore une fois, pour le *Figaro Magazine*. Toutes ces îles au passé lointain, à l'avenir incertain, dont le tourisme a changé le destin.

Les Scilly, où l'on n'a jamais réussi à prouver que les habitants accrochaient des lampions au cul des vaches, Chausey et les Minquiers, dont la richesse vient de la pêche au homard, et où le paysage change totalement d'une heure à l'autre, entre la marée haute et la marée basse, Bréhat, repaire de pirates, l'île de Batz, où certains cultivent encore le sol avec des chevaux de trait, Ouessant et ses naufrageurs, Molène et sa compagnie de phoques, Sein dont les marins furent les premiers à répondre à l'appel du général de Gaulle, Yeu et, enfin, les joyaux de la Méditerranée : Elbe, Porquerolles.

À Porquerolles, nous venons en famille depuis que je suis toute petite, puis avec Jean-Marie, lorsque nous piquions le bateau de notre père. L'île n'a pas beaucoup changé et, comme toutes les îles, elle fut occupée par des pirates (dont Barberousse) et par des moines. Nous y sommes accueillis par mon ami Sébastien Leber. Son grand-père, François-Joseph Fournier, avait acheté l'île pour sa femme en rentrant du

Mexique, où il avait fait fortune avec une mine d'argent. Il y planta des vignes, des arbres fruitiers, traça des chemins, créa une école, un dispensaire, une épicerie, une coopérative, afin de rendre l'île autonome. Son désir d'harmonie sociale ressemblait au rêve utopique des pirates au XIXe siècle.

Marie m'y rejoint. Elle a neuf mois, et c'est au Bar de l'escale qu'elle se décide à faire ses premiers pas. Les voitures sont interdites, et l'île est donc le royaume des enfants ; ils ne s'égarent jamais, ne sont jamais bien loin de la place du village. C'est chez Sébastien, dans ce petit paradis, que je choisirai de me marier, mais bien plus tard…

L'année suivante, toujours pour le *Figaro Magazine*, nous repartons en reportage autour du monde. Cette fois-ci pour des destinations plus hostiles, mais toujours avec Marie sous le bras. Le cap Horn, au sud de la Patagonie, le cap Lewin, en Australie, et le cap de Bonne-Espérance, en Afrique du Sud. Ces caps divisent nos trois océans, et marquent la fin des continents.

Je suis dans un moment aérien, presque éphémère, et je suis mère. Ma fille, un jour, taguera sur mon sac à main : « Ma mère est la mer en forme humaine », avec des petits cœurs et des « Maman JTM ».

J'ai prouvé que j'étais un bon marin. J'en profite pour accepter toutes les invitations pour naviguer, avec les meilleurs. Ce dont je rêvais depuis toujours. Entre 1993 – la naissance de

Marie – et 1996, je partage donc mon temps entre les voyages d'agrément avec ma fille, les reportages pour le *Fig Mag*, les raids en petits cata de dix-huit pieds autour de la Corse, la Réunion ou l'île Maurice.

Puis Loïc, le père de ma fille, et moi reprenons nos routes respectives, sur des bateaux différents. Nous ne tirerons plus les mêmes bords, mais resterons les meilleurs amis du monde. Loïc est le garçon qui m'a fait le plus joli cadeau de la terre : Marie.

En 1995, je pars pour un nouveau tour d'Europe, mémorable, avec Jean Maurel. Habituellement concurrents, cette fois-ci nous embarquons sur la même galère. Il vient de faire construire un nouveau cata léger, d'une grande simplicité. Mais le pari est un peu raté. Nous arrivons souvent après les favoris – Peyron, Bourgnon et compagnie –, et cela finit par devenir comique.

Isabelle, ma vieille copine photographe qui est voisine de mes parents à Paris, m'amène Marie à toutes les étapes : Venise, Malte, Marseille, Palma, Casablanca, Vigo, Cherbourg, Londres. L'arrivée à Venise en multicoque est époustouflante. Le lever du soleil sur l'une des plus belles villes du monde est un spectacle féerique, après quinze jours de convoyage depuis La Rochelle. Nous dégotons de petites chambres de célibataires sous les toits du Gritti. La nounou de l'hôtel occupe Marie comme elle peut, en nourrissant les pigeons et en faisant des tours en vaporetto toute la journée.

Nous oublions l'escale de Marseille pour filer directement sur Palma à cause d'une avarie. Marie suit, aux bras de Maman cette fois-ci. À Casa, dans la médina, elle a un succès fou auprès des fatmas, avec ses cheveux orange. Non, ce n'est pas du henné !

À Vigo, nous arrivons deux jours après le vainqueur, et c'est Cracky qui relaie Isabelle, très occupée à ses reportages photos sur les marins. Bref, Marie passe de main en main, elle est plutôt docile.

À Cherbourg, nous changeons d'équipage. Nous embarquons Boucher, sa femme Ben et Isabelle pour la dernière étape. Marie n'est pas là. J'en profite pour faire une sacrée fête – les nuits sont souvent torrides à Cherbourg, et le matin du départ, l'équipage est encore dans les vapeurs de la soirée, alors que l'étape s'annonce ventée. Puis, sur la Tamise, le ciel se dégage. Nous accostons sous Tower Bridge qui scintille dans les rayons du soleil couchant.

15

Changement de catégorie
(1996-2000)

Après ma victoire et la naissance de ma fille, on pourrait dire que je suis une femme accomplie, comblée. Certains diront aussi que je suis un « mec ».

Je profite de ces années de douceur et de légèreté pour m'essayer à d'autres catégories de bateaux – petit cata de dix-huit pieds, donc, et Figaro, une série monotype de neuf mètres –, loin des projecteurs, seulement pour le plaisir de courir. Je continue d'apprendre, je peaufine.

Les meilleurs me proposent aussi des embarquements. La vapeur s'est renversée pour moi ; il aura fallu du temps et des victoires pour qu'enfin les garçons m'emmènent naviguer à leur bord. Mais j'en rêvais depuis toute petite. Ainsi, je vais faire l'équipière. Il est vrai que je ne suis pas n'importe quelle équipière... Quel confort de ne pas avoir à gérer de budget, nourrir une équipe, monter un programme technique et assumer tous les soucis que cela représente. Je n'ai qu'à penser à mes petites culottes avant d'embarquer. J'ai le temps de profiter de Marie et de la voir grandir.

Marie-Claude, la nounou, me suit partout avec Marie, à toutes les escales. Elle est un peu ma nounou à moi aussi. Elle me prépare de bons jus de fruits énergétiques et console mes gros chagrins à l'abri de ses gros nénés. Marie-Claude est exactement la personne qu'il me faut. Je l'ai connue à Brest. C'est une admiratrice, elle m'a, comme beaucoup d'autres, écrit son histoire, qui m'a touchée, et je lui ai répondu – chose que je ne fais jamais d'ordinaire. Elle est mère de quatre enfants, veuve, remariée et divorcée. Elle est seule. Nous nous croisons un jour au supermarché du petit village du Conquet. Elle s'y est installée, en sachant que je ne suis pas très loin. Elle aime peindre l'Armorique et ramasser des petits cailloux et du bois flotté, qu'elle transforme habilement en objets qu'elle vend au marché. Elle met volontiers la main à la pâte au jardin, et ne rechigne pas au bricolage à la maison. Elle est toujours prête à partir. Marie me dit souvent : « Maman, c'est nous qui avons encore gagné ! » Évidemment, en voiture, ça va plus vite. C'est une nounou voyageuse. Tant mieux ! Nous sommes des nomades.

En 1996, c'est Jean Le Cam qui me fait goûter et m'initie au Figaro. Cette série me séduit : petits bateaux, petits soucis. Ils sont tous pareils – c'est de la monotypie –, il y a pas mal de bateaux sur le marché, on peut en louer facilement, on n'est pas obligé d'en construire un, et les budgets sont raisonnables. La formule est idéale pour une maman comme moi, désireuse de rester proche de sa fifille. Elle permet habituellement aux jeunes de faire leurs armes, de se faire connaître, pour accéder ensuite à de plus gros budgets et participer à des transats ou des tours du monde. Moi, je fais un peu le parcours à l'envers, mais je le fais.

Avec le Figaro, j'ai découvert la régate et les courants. Les règles de course me sont définitivement hermétiques, comme toute règle en général. En revanche, je m'applique sur la vitesse qui, elle, n'est pas réglementée. J'adore ne penser à rien d'autre qu'à la vitesse, même si elle est lente, très lente. J'adore chercher le vent. Cela doit venir d'un certain esprit de compétition. J'aime bien doubler. *Tut-tut, je double !* Je n'aime pas être dans le flot, le *flow.*

Je peaufine, et dans l'état second dans lequel le manque de sommeil me plonge, je trouve de façon instinctive le petit réglage qui va bien, et je glisse. Mon seul souci, c'est de glisser. Rien d'autre ne peut avoir d'importance. J'adore me concentrer sur de l'infiniment petit au milieu de l'infiniment grand. Il m'arrive souvent de doubler toute la flotte, de passer de la dernière place au peloton de tête... et de reperdre toute mon avance, en paniquant à l'approche d'une bouée ou de l'arrivée. Pas grave, on s'en fiche : ce qui compte, c'est d'avoir du goût. Je suis fière lorsque je double en vitesse pure un des meilleurs de la catégorie, moi qui ne suis qu'une débutante en la matière. J'adore la nouveauté. Les concurrents sont plus jeunes, et ça change.

Jean et moi, nous allons courir l'AG2R ensemble. C'est une transat en double de Lorient à Saint-Barth – la destination n'est pas pour me déplaire. Nous nous connaissons depuis longtemps. Depuis des années, nous nous croisons sur les pontons, mais jamais sur le même navire. C'est un spécialiste du Figaro. Il a ça dans la peau. Il est vraiment doué. Pour expliquer son talent, Michel Desjoyeaux dit : « Entre lui et les éléments, les informations ne passent pas par le cerveau. » Il a un sens inné du vent, de la mer, de la vitesse et de la régate, et prépare ses bateaux avec l'obsession du détail. Pour la première fois, nous allons naviguer ensemble. Nous avons le même goût pour la mer et pour la fête.

Nous voici ainsi, Marie, Marie-Claude et moi, installées à Port-la-Forêt dans une petite maison sur la plage. Nous nous entraînons tous les jours, et mon professeur particulier m'apprend les ficelles du Figaro. Cela fait bien longtemps que je n'ai pas mis les pieds sur un petit monocoque.

Nous finissons deuxième de l'AG2R, après avoir cru en la victoire. Alors, nous décidons de retenter notre chance lors de l'édition suivante, deux ans plus tard, en 1998. On s'entend bien, on rigole bien, on a envie de continuer.

Entre-temps, Bruno Peyron, que je côtoie dans presque toutes les courses depuis nos débuts, me propose de tenter de battre le record du Pacifique à son bord. Notre concurrent le plus sérieux sur ce parcours (Los Angeles-Honolulu) est Steve Fossett, le milliardaire aventurier qui a racheté *Pierre Ier*. (Il nous a quittés depuis, paix à son âme !) C'est la première fois que je le revois. Ce goujat d'Américain me salue à peine lorsque nous nous croisons à l'hôtel, le matin, avant le départ. J'avais encore tellement de choses à vivre avec mon bateau. C'est dur, mais c'est comme ça. C'est comme s'il m'avait volé ce que j'ai de plus précieux, une partie de mon âme, ma carapace, tous mes secrets. Bien sûr, il n'y est pour rien. On va néanmoins s'appliquer à le battre, bien qu'il soit plus rapide que nous. Et finalement, après cinq jours de mer, nous remportons le record, malgré une avarie de structure qui nous oblige à ralentir.

La même année (1997), je tente aussi ma chance dans la fameuse Solitaire du *Figaro*. Mon petit Figaro, justement, s'appellera le *Bel Espoir*. J'ai demandé au père Jaouen l'autorisation d'emprunter le joli nom de son bateau, qui a donné de l'espoir à tant d'âmes égarées. Michel Jaouen, entre pirate et jésuite, est un sacré personnage, et parmi mes amis navigateurs, sans doute celui qui accumule le plus de milles à la voile dans l'année. Il est aimé et respecté par tous les marins de toutes les générations, les pêcheurs, dans la marine marchande ou la Royale. Mon père me l'a présenté en 1976 à Plymouth. Il était connu comme le loup blanc, il est toujours là et fait encore rêver des milliers de gens.

De retour en France, après notre victoire dans le Pacifique, je découvre donc un nouveau rythme de course. Les étapes entre la Manche, le golfe de Gascogne, l'Espagne, l'Irlande et l'Angleterre en passant par tous les coins tordus et mal pavés de la zone, sont plus ou moins longues – entre trois et six jours – et plus ou moins éprouvantes.

Certains prétendent que cette course est la plus difficile des courses en solitaire, à cause du manque de sommeil et de la difficulté de récupérer aux escales, quand on est tenté de faire autre chose que dormir. Trois jours en mer sans dormir, c'est dur. À la limite des hallucinations, on guette le moment où l'on perd un peu la boule, où les choses deviennent bizarres. Moi, j'adore ces instants où l'on dirait que le monde change de couleur.

Sur la compétition, les spécialistes, comme Michel Desjoyaux, Jean Le Cam ou Philou Poupon, sont des habitués. Mais il y a plein de jeunes aussi, et cela me change de la course en multicoque, où je connais tous les vieux loups de mer depuis longtemps.

Et puis je n'ai plus la responsabilité d'une équipe entière. J'ai seulement un petit bateau de neuf mètres et un préparateur. C'est plus léger, il suffit de sauter à bord, de larguer les amarres, d'envoyer les voiles, qui tiennent quasiment dans mon sac à main, et on est en mer, libre. loin des soucis et des complications des terriens.

Je finis deuxième des « bizuths », le classement des débutants en Figaro.

Tout ce dont je rêvais, je l'ai. Ces dix années ont été comme des grandes vacances. Ma fille grandit, et il va falloir songer à l'école. Je décide alors de quitter la Bretagne et le fort. Mais avant la rentrée, je veux que nous en profitions bien, et je prends des billets pour Tahiti.

Après l'AG2R avec Le Cam, en 1998, nous larguons les amarres de *Kriss*, qui part pour Tahiti, et que nous rejoindrons là-bas. J'ai connu Pierre Guillaume, son vaillant capitaine, en 1981, lorsque je préparais la Twostar avec François Boucher. Il venait de racheter *Petrouchka*. C'était un amoureux de la mer, un vagabond des îles, un ami de Jaouen et d'autres marins des années romanesques. Nous nous sommes ensuite toujours croisés, de Porquerolles à Saint-Barth.

Nous fêtons donc sur *Kriss*, son nouveau bateau, les cinq ans de Marie, entre les Marquises et Rangiroa, avec Isabelle, sa nouvelle marraine depuis que Tata Jane nous a quittés, emportée par un cancer. Marie a, parmi mes amies, choisi Isabelle comme marraine d'adoption. Normal : elles ont déjà des souvenirs toutes les deux, elles ont l'habitude de voyager ensemble. Isabelle est un peu comme ma sœur ; nous avons fait les quatre cents coups ensemble, tout en travaillant. Elle est photographe, et nous aimons partir en reportage ensemble.

Pierre, que tout le monde appelle l'Amiral – mais rien à voir avec Kersauson –, vit sur *Kriss* avec sa femme et ses filles une vraie vie de bohème autour du monde, en leur faisant l'école à bord, d'île en île, d'océan en océan, dans l'hémisphère Nord et dans l'hémisphère Sud, dans de grandes latitudes parfois. Il a des airs de forban, de bandit de grand chemin ; c'est le sosie de Jacques Brel et, avec ses longs cheveux et ses chemises blanches, on dirait un chevalier romantique d'un autre temps.

Marie aimerait vivre comme cela. Mais l'Éducation nationale a du bon et a déjà fait ses preuves. C'est donc à Paris, chez les sœurs, dans la même école que moi, que Marie sera scolarisée et sédentarisée. Nous retournerons habiter chez mes parents.

En attendant, nous avons le temps de nous la couler douce en Polynésie, au bord des lagons enchanteurs. Marie se fait très bien à cette vie en paréo, cul nu du matin au soir, une fleur à l'oreille. Elle nage avec les dauphins, apprend à pêcher avec les Tahitiens, joue avec les chiens dans l'eau et va à l'école de tamouré. Nous avons retardé notre retour – et raté la rentrée scolaire. L'école de tamouré fait l'affaire

Et puis adieu l'école buissonnière, adieu les ukulélés, les lagons dorés ; il faut retourner à la réalité. Il faut rentrer dans le rang, en rang deux par deux !

Je retrouve le parisianisme, les soirées chez Castel, les nuits de débauche. Maman fait la mamie et s'occupe de Marie, des devoirs, de la soupe du soir. Je m'occupe plutôt des sorties, des week-ends, des balades à cheval et des vacances, car nous sommes toujours prêtes à partir. Le rythme scolaire – quinze jours de vacances toutes les six semaines – nous convient à merveille. Entre les vacances avec ma fille et les miennes, c'est-à-dire mes escapades en mer, je deviens une vraie spécialiste de la détente et du bien-être.

Certains diront que je suis une mauvaise mère. Est-ce la présence quotidienne qui fait une bonne mère ? Avec ma fille, je m'amuse, je dévale les pentes à ski à vive allure, je me balade au grand galop, nous allons en bateau, sur l'eau, dans l'eau… Je l'appelle mon « petit baleineau », elle ne manque pas de me répondre le plus tendrement du monde : « Ma grosse baleine que j'aime. » De temps en temps, elle se déshabille dans sa chambre et, avec Olympe, sa copine de *Kriss*, se dandine sur la musique tahitienne, un paréo autour de la taille et coiffée d'une couronne de fausses fleurs. On a parfois l'impression de faire ensemble des choses interdites, et je lui dis : « Chut, pas un mot à ton père ni à ta grand-mère ! »

Mes escapades à moi, c'est, entre autres, l'AG2R avec Philou Poupon, en 2000. Avec lui, j'apprends les constellations ; avec Lionel Péan, en 2004, je me perfectionne en mots fléchés.

En double, on ne fait que se croiser, rares sont les moments où l'on échange quelques propos, et on ne partage même pas les repas – *repas* est d'ailleurs un bien grand mot. Mais avec ces petits bateaux, le temps de traversée est plus long, et cela me plaît. J'éprouve un véritable détachement. J'aime la compagnie de mes petits fantômes.

16

Mon frère, ma moitié

(2001)

Il n'est plus là. Il a décidé de nous quitter, marre de la vie. Je ne connaissais pas la vraie douleur, cette souffrance, ce manque indescriptible. Quelque chose qui vous étouffe et dont on ne peut parler, et qui vous fait pleurer tous les jours. Quelque chose d'insurmontable qui a le goût de l'injustice. Sans vouloir dire de banalités, j'ai eu du mal à supporter, à vivre ce manque. Mon frère, tout simplement, me manque.

C'est le dernier jour de la Porquerolles Solo en Figaro, en 2001. Un ou deux tours de l'île et sûrement un parcours banal nous attendent. En solo, ce n'est pourtant pas évident, plutôt musclé s'il y a du vent.

Le téléphone sonne et me réveille. Il est sept heures. C'est ma mère, je ne décroche pas. Elle ne comprend pas que je puisse faire une course en solo en Méditerranée, tout simplement. Merde, fait chier, je voulais dormir une heure de plus avant les efforts qui m'attendent.

Le téléphone sonne de nouveau. C'est la mère d'une copine de Marie. Elle me dit : « Votre frère a eu un accident. Vous n'êtes pas au courant ? » Je pense à un accident de voiture. Il doit être à l'hôpital, ça a l'air grave.

J'appelle Maman, qui rassemble ses forces pour m'apprendre que son fils, mon frère, nous a quittés. Il a mis fin à sa vie.

C'est comme un trou noir. C'était hier à 18 h 18, pile le moment où je suis restée seule empétolée devant la plage de Notre-Dame. Toute la flotte m'est passée devant – incompréhensible !

Quand nous étions petits, nous jouions ici, Jean-Marie et moi. Il y a une décharge dans la pinède, juste derrière. Lui qui avait une âme de bâtisseur, avec des bouts de cagettes et des objets récupérés dans le tas d'ordures, avait construit les plus grands châteaux de sable du monde.

J'ai fini mon tour de l'île en pleurant, j'ai coupé la ligne d'arrivée en larmes, je ne savais pas pourquoi. Aujourd'hui, je sais.

Je vais tout de même courir ma dernière régate en solitaire, me dis-je, pour lui faire honneur. C'est sûrement en mer que je serai le mieux, le plus près de lui. Je ne peux et ne veux parler à personne, je ne peux rien faire, à part naviguer. Mais finalement, je renonce. Je suis incapable de tout. Plus la nouvelle m'assomme et m'envahit, plus je suis anéantie, engloutie, sans force, sans vie. Toute mon enfance est balayée par une balle dans le crâne.

C'est dur, très dur, et toutes les larmes de mon corps ne le ramèneront jamais. Le suicide a un goût amer qui ne passe pas. Un truc difficile à digérer. Même si l'on résiste à l'idée que l'on puisse être coupable, il vous plonge dans la solitude des questions sans réponses, et dans une infinie détresse. La vie défile et ne s'oublie pas. Je ressens un immense sentiment d'impuissance.

Nous avons tout fait ensemble. Il m'a tout appris – à naviguer, à skier, il m'a fait voyager… Il m'a ouvert les yeux au monde. Il avait deux ans de plus que moi, l'écart idéal entre une fille et un garçon. Il me présentait ses copains. Lorsque nous naviguions en dériveur – j'ai commencé à douze ans –, j'étais la seule fille de la bande. Grâce à lui, je jouissais d'une liberté que l'on ne m'aurait jamais accordée si j'avais été seule.

Nous partions parfois tous les deux sur le voilier de mon père, pour faire un tour aux îles du Levant. À l'époque, pas de téléphone portable. Au plus fort de notre adolescence, nous nous sentions très grands. Nous découvrions les premiers plaisirs. Et l'hiver, au ski, nous étions tout aussi inséparables. Nous découvrions le hors-piste, peu pratiqué à l'époque. On avait tous les droits, les parents n'étaient pas là.

Toute l'année, nous échafaudions des plans de voyages d'été, que nous présentions aux parents au printemps. Une année – je devais avoir treize ans –, Jean-Marie avait voulu m'emmener au festival de l'île de Wight. Refus catégorique, pour lui aussi ! Les voyages tout-terrain commencèrent lorsqu'il eut son permis de conduire. On dormait à la belle étoile, et on cantinait aux détours de petits sentiers où souvent aucune voiture à moteur n'avait osé s'aventurer auparavant.

Nous avions de la jeunesse à revendre, des rêves plein la tête, tout à découvrir, le monde était à nous, la vie devant nous. C'était les années soixante-dix, tous les verrous sautaient, tout était permis.

Mon père éditait des auteurs qui voyageaient autour du monde ou partaient élever des chèvres en Ardèche, tous en quête de vérité et de liberté. Les seuls posters que j'avais épinglés au mur étaient ceux de Moitessier et du Che. Avec beaucoup d'idéalisme et d'optimisme, le monde s'ouvrait à nous, avec un nouveau visage. C'était une explosion totale des mœurs et de l'éducation. Les femmes gagnaient petit à petit du terrain sur le chemin de la reconnaissance et de l'indépendance. La jeunesse se révoltait et poussait à grands coups de coude les vieilles idées poussiéreuses du passé. Nous n'avions pas de souci pour l'avenir. Jean-Marie et moi avons profité de notre adolescence dans cet esprit, haschich et LSD en moins – nous étions trop jeunes.

Hubert, lui, ne faisait pas partie de la danse, il était trop petit, trop dans les jupes de sa mère. Quatre ans de moins que moi, six de différence avec Jean-Marie : trop d'écart, trop maigrichon, trop fragile. Lorsque mon père acheta son premier bateau, nous voguâmes vers les Baléares. Hubert avait quatre ans et ne mangeait que de la soupe sucrée ! Ma mère fut dégoûtée pendant de nombreuses années de la croisière familiale...

Dès lors, nous sommes partis tous les ans au mois d'août en balade tous les trois – mon père, Jean-Marie et moi. On rigolait bien ensemble ! Mon père faisait la cuisine, et nous les manœuvres. Je me chargeais de la lessive lorsque nous trouvions un lavoir, au hasard d'une escale méditerranéenne, me mêlant aux vieilles femmes vêtues de noir qui s'y retrouvaient pour papoter avec un accent coloré. C'était la belle époque. Les côtes de la Belle Bleue étaient encore vierges et authentiques, les plages étaient désertes. Les eaux étaient plus pures et regorgeaient de bonnes choses. Les pêcheurs n'allaient pas bien loin et gagnaient leurs vies ; c'est tout juste si les poissons ne sautaient pas dans votre assiette. Nous profitions de notre enfance heureuse...

Cette tragédie me prive d'une grande partie de mon enfance, emporte ses secrets, engloutit presque tous mes souvenirs de petite fille, de garçon manqué, d'adolescente, de jeune fille florissante, et pourtant, elle ne peut pas annihiler la mémoire charnelle et éternelle de ces moments d'insouciance et de bonheur parfait.

Avec Philou et Éric, un bon copain de Jean-Marie (et mon futur mari), nous sommes allés jeter à la mer un petit bouquet de roses devant la plage de Notre-Dame où nous jouions petits.

Aujourd'hui, c'est en blanc que je porte son cercueil, avec Hubert et quelques fidèles, et dans un océan de larmes, nous l'accompagnons dans sa dernière demeure, son trou. Il restera désormais à l'ombre des cyprès et des grands pins, qui le protégeront du soleil brûlant de l'île de Sainte-Marguerite, dans la baie de Cannes.

Les années ne parviendront pas à me faire encaisser son absence. Et je ne pourrai jamais comprendre son geste, son désespoir. Les années n'apaiseront jamais cette douleur atroce, ce gros bobo au cœur, à l'âme, qui ne cicatrise pas et saigne toujours. Je pleure encore en écrivant ces lignes.

Il me visite dans mes rêves, ce sont parfois des cauchemars. Nous devions nous voir, nous appeler. Je ne l'ai pas fait, ni lui non plus. Il a pris la mer, il est parti sur son bateau. J'ai effacé sa voix sur mon répondeur, et j'ai jeté la veste de quart que je serrais contre moi. Elle portait encore son odeur, cela m'était insupportable.

Pourtant je lui pardonne, il avait achevé son chemin.

17

Adieu Paris !

(2003-2007)

Marre de la capitale, des mondanités, des frivolités. Marre des nuits blanches, des endroits branchés, des faux-semblants, marre des gens, envie de voir le jour se lever au réveil plutôt qu'avant d'aller me coucher. Marie avait cinq ans lorsque nous avons quitté la Bretagne pour sa rentrée à l'école primaire à Paris ; elle en a dix maintenant, et il est temps de repartir. Nous prenons la poudre d'escampette.

Peut-être mes racines me ramènent-elles dans le Sud, mais c'est l'amour aussi. Ici, à Marseille, il y a du vent, cette ville a une vraie histoire maritime – elle fut pendant des siècles le plus grand port du bassin méditerranéen –, et la vie de maman citadine m'y semble possible.

Et puis j'y ai des souvenirs, et notamment mes premiers souvenirs de voile. Mon père venait d'acheter son premier voilier, en Italie. Il me prend donc sous le bras, et nous voilà partis pour ramener le bateau, à Marseille. Nous devons être en 1964, je n'ai que six ou sept ans. Nous ne sommes que tous les deux à bord.

Soudain, il manque tomber à l'eau dans un empannage. Il prend un monstrueux coup de bôme sur le front qui s'orne aussitôt d'une bosse de la taille d'un œuf de poule, il vacille, mais reste à bord. « Va tout droit ! » me dit-il en me confiant la barre pour aller manœuvrer. Pas facile quand on n'a aucun repère… Il s'en faut de peu pour qu'il tombe à la mer.

Nous arrivons finalement à bon port, et quel port ! Blotti au cœur d'une ville fortifiée par Vauban. Son entrée est majestueuse, et deux mille six cents ans d'histoire maritime sont gravés dans ces roches blanches. Chaque fois que nous y retournons ensuite, j'adore aller à l'Estaque, un petit port typique et pittoresque, manger la bouillabaisse.

C'est dans le vieux port de Marseille aussi que je prépare ma première Route du Rhum, accostée au quai Rive-Neuve, devant le Bar de la marine. La première fois que je me lance en solitaire, c'est en quittant ce quai. Émotion quand je passe devant le palais du Pharo, construit par Napoléon III pour sa femme Eugénie (qui ne daigna même pas l'habiter), je me retourne une dernière fois avant la nuit, en laissant derrière moi les îles du Frioul, le château d'If, ses légendes rocambolesques… Une nouvelle aventure est devant moi, cap au sud-ouest. Notre-Dame-de-la-Garde veille sur ses ouailles.

Depuis, je n'ai jamais manqué une escale dans la cité phocéenne, où je suis tout le temps accueillie chaleureusement. Ce côté « carrefour du monde » d'un port aux portes de l'Afrique et de l'Orient m'attire. Et à Marseille, il y a les Marseillais, avec leur langage coloré. Les calanques, les plages, les îles, la pétanque, le pastis, la sieste, les pointus, le mistral...

En 2003, j'arrive de nouveau à Marseille par la mer, comme la première fois avec mon père, de retour d'une course de Cherbourg à Rimini.

Nous n'atteindrons d'ailleurs jamais Rimini... Je suis depuis quatre mois *grouillot* (équipière à tout faire) avec mon ami Jaco, sur le trimaran rouge de Monnet, *Sopra*. C'est un formidable barreur. Nous avons déjà navigué ensemble sur *Charles Jourdan* dans la Whitbread, et nous sommes heureux de recommencer. Jaco est d'Oran, et ma mère d'Alger. La course passe par Gibraltar, et juste après, nous tirons des bords le long de la côte du Maghreb. Devant la baie d'Oran, Jaco téléphone à sa vieille tante restée au bled.

« Tata Simone ? C'est moi, je suis devant tes fenêtres.

— Alors mon fils, dit-elle, viens manger la galette ! »

Le soleil vient de se lever, et nous espérons que le vent va en faire autant.

« Tata Simone, je suis en course : je ne peux pas m'arrêter !

— Alors mon fils, que Dieu te garde... »

Après, devant la baie d'Alger, j'appelle ma mère, qui est à Paris. Notre ordinateur a *bugué*, et les cartes de détail nous manquent pour profiter du vent au ras de la côte. « C'est la plage des Tchoutches, me dit Maman, c'est là que nous allions nous baigner le week-end. » Le fond sableux où viennent s'enfouirent les *tchoutches* (les « raies ») remonte en pente douce et régulière jusqu'au bord. Pas de danger : on peut s'en rapprocher. Nous longerons ensuite les montagnes de Kabylie, là où ma mère et sa sœur faisaient du ski, en remontant la pente à dos de bourricot.

Finalement, nous devons faire demi-tour en Adriatique, vers une escale forcée pour réparer à Reggio de Calabre. Surprise : nous n'y sommes pas seuls. Jean Maurel et Loïc, le père de Marie, ont démâté et endommagé un de leurs flotteurs. Deux trimarans blessés dans un petit port du détroit de Messine, coincé entre la Sicile et le sud de la botte italienne, ça fait de l'animation ! Difficile de trouver le nécessaire pour réparer, mais ici, c'est le royaume de la débrouille.

Cette année-là, nous avons un joli programme méditerranéen avec Jaco, dans le sillage des Crétois, des Phéniciens, des Grecs, des Romains, des Turcs et des Byzantins. Nous sillonnons la Belle Bleue du sud au nord et du nord au sud, à vive allure. Nous convoyons *Sopra,* d'une course à l'autre, d'un bout à l'autre de la Méditerranée. Les autres membres d'équipage nous rejoignent pour les courses, mais entre-temps, nous sommes souvent tous les deux, sans pilote automatique. C'est parfois un peu acrobatique, on subit les caprices du temps, on se fait quelques frayeurs, mais le vent est chaud, les embruns sont tièdes, on est pieds nus en petit ciré léger, et notre peau sent le soleil.

Raid autour de la Corse (en petit cata cette fois), Grand Prix de Cagliari et Grand Prix de Marseille toujours sur *Sopra*. C'est ainsi que je mets fin pour cette année à mes navigations sudistes, au mois de juillet, en pleine canicule.

La vie est douce dans mon petit quartier de la Madrague, dans la rade sud de Marseille. Nous avons acheté une maison de pêcheur à deux, avec ma copine Véro, la femme de Lucky Poupon. Nous y sommes bien accueillis par les pêcheurs et les nombreux pieds-noirs revenus du pays une main devant, une main derrière dans les années 1960. Ici, tout le monde se salue, les hommes s'embrassent. C'est un dépaysement total. J'ai l'impression d'être en voyage, et le spectacle sous mes fenêtres m'enchante. Les enfants se baignent sur la petite plage et plongent de la digue du port. L'eau est claire et limpide. Été comme hiver, c'est lunettes de soleil obligatoires. Lorsque le ciel s'obscurcit enfin de nuages, la Belle Bleue prend des airs de Bretagne, et la pluie ravive les parfums de thym, du romarin que nous allons cueillir dans la colline et de toutes les petites pousses de la garrigue.

C'est une vie de village, de proximité pour nous qui avons toujours vécu dans des endroits isolés et sauvages, même à Paris, sans voisinage. En venant à Marseille, j'arrache ma fille à son destin de bourgeoise du XVIe arrondissement. Je troque mes bijoux pour acheter des sacs de ciment et lui construire sa maison, la nôtre, au bord de l'eau. On dort sur la terrasse, à la belle étoile. On se croirait à Ibiza.

Marie profite d'une nouvelle liberté, comme un lion échappé du zoo qui découvre les joies de la savane. Elle a un beau terrain de jeu entre mer et collines, entre blockhaus dans la garrigue et calanques aux eaux turquoise. Ici, les enfants sont libres.

Bref, nous coulons des jours heureux dans le Sud. La Bretagne ne me manque pas, même si mes amis bretons me manquent. Je suis comme une fille de nulle part. Les Bretons m'ont respectée, les Marseillais m'ont acceptée.

En 2004, c'est l'AG2R avec Lionel Péan. Il habite à Cannes et nous nous entraînons un peu, pas trop, dans le sud. Je suis contente de repartir avec celui que Patrick et Yann Le Nabour avaient surnommé « Monseigneur l'énormité » sur *Biotherm*. Il est vrai qu'il est de stature imposante, d'un calme olympien, d'une souplesse extraordinaire et d'une force herculéenne. Il est aussi très poli, et j'aime bien naviguer avec des gens bien élevés.

Avant le départ de chaque course, il y a toujours un prologue, une régate qui permet de faire des images et de se tester. Nous remportons ce prologue avec suffisamment d'avance pour attendre la flotte des poursuivants au Bistrot du port, à Groix. « Qui voit Groix voit sa croix ! » Lionel n'est pas du tout superstitieux, mais on dit que gagner le prologue porte la poisse pour la victoire finale. N'y pensons plus…

Pourtant, après une semaine de mer, nous sommes en deuxième position, et tout notre système électrique tombe en rade. Plus de jus, donc plus de pilote, plus de météo, plus d'ordi, donc plus de carte, plus de lumière. Nous nous relayons à la barre sans aucune nouvelle du monde des vivants.

Une nuit, sur le pont, je sens une présence et crois distinguer une forme blanchâtre. J'ai l'impression que mon frère me rend une petite visite… Il pourrait m'aider tout de même ! Me donner quelques indications, me guider. Mais non, rien, aucun indice pour me mettre sur la bonne route. Nous finirons vingt-septièmes, avant-derniers ! C'est à l'arrivée que l'on m'apprend le décès de Véronique, ma belle-sœur, la première femme d'Hubert. C'est elle, en fait, qui était venue me dire au revoir.

Je crois aux fantômes et je les perçois. À terre, ils m'effraient ; en mer, ils me rassurent. J'aime bien mes petits fantômes, ils m'accompagnent.

Mais revenons à la réalité.

De retour à Marseille, j'ouvre une galerie d'art. J'ai envie d'entendre parler d'autre chose que de bateaux, de régates, de ficelles et de manilles. Tant d'artistes se plaignent de manquer de murs pour exposer leurs toiles. Alors la galerie FLOW organisera des vernissages tous les mois. Sur la devanture, on a tagué les mots « galère, galerie, art, arthaud, flow, flots »... On s'y croit ! Même Titouan me fera l'honneur de venir exposer ses œuvres. La galerie fait aussi salon de thé, mais à la Madrague, des amateurs de thé, il n'y en a guère...

Un an plus tard, un grand voyage pour la paix m'emmène en Israël, sur *Kriss*. Je ne connaissais de cette partie orientale de la Méditerranée que le Liban, où j'ai couru en petit cata en 1999. L'histoire de ces terres disputées depuis la nuit des temps est étrange. Difficile de se faire un avis, impossible de prendre parti – sauf pour la paix.

Partis des Saintes-Maries-de-la-Mer au moment où les gitans célèbrent les trois Vierges, nous colportons notre petit message pacifique jusqu'à Tel-Aviv, où l'on nous accueille de manière musclée : nous sommes escortés par deux bâtiments de guerre, lance-roquettes braqués sur le bateau. On nous interdit d'accoster avant le lever du jour, puis, à terre, nous subissons un sérieux interrogatoire, l'un après l'autre, pour vérifier que nous avons tous la même version de notre voyage, et que nos intentions sont pacifiques. C'est seulement ensuite que l'on nous fait l'accueil que nous nous attendions à recevoir depuis le début.

Partout, nous sommes choqués par le fanatisme de part et d'autre, choqués de croiser des mômes déguisés en soldats, armés jusqu'aux dents, rangers aux pieds, coiffés de bérets, fusils mitrailleurs au poing, même pour les filles. Jérusalem est un lieu plein d'empreintes et de contradictions. L'Histoire vous y saute au visage. Cette ville n'a toujours pas trouvé son avenir.

Toujours en Méditerranée, en 2006, je pars avec Lucky Poupon en double en Figaro vers Istanbul. Nous longeons de nouveau les rivages et les îles qui ont fait la splendeur de cette mer que tout le monde se dispute depuis toujours, et pour toujours. Pourtant, la Méditerranée, berceau des civilisations les plus anciennes, qui a connu tous les empires, est jusqu'à nos jours le témoin des pires affrontements.

Du coup, je rempile pour la paix (Route d'Elissa). Une autre course est organisée pour sa cause, cette fois exclusivement féminine. Elle réunit toutes sortes d'aventurières ; il y a des Libanaises, des Israéliennes, des Espagnoles, des Portugaises, des Sénégalaises, des Britanniques, des Françaises... Mais nous sommes toutes mobilisées autour de cette cause, avec une seule envie : prendre la mer et mettre les voiles.

Et je remettrai ça l'année prochaine, du Liban à la Tunisie, de nouveau avec ma petite équipe de Tunisiennes motivées, dévergondées, libérées. La paix doit sans doute passer par la gent féminine. C'est avec plaisir que je partage ces bons moments d'insouciance avec des filles qui viennent de pays où les droits de la femme sont bafoués.

En 2007, changement de cap vers l'ouest et retour à la vraie compétition. Il est rare qu'une grande épreuve parte de Marseille, et je veux absolument en être. Je pars sur la Route de l'Équateur avec Lucky – de nouveau lui – et Alexia, une petite jeune qui en veut. Le départ est donné le 15 avril, par une belle journée printanière. La course est réservée aux monocoques de quarante pieds, et me permet de découvrir cette nouvelle série. Nous naviguons sur *Deep Blue*, le nom de mon sponsor. Gibraltar, l'Atlantique, le Pot-au-noir, le golfe de Guinée, et devant : Pointe-Noire, l'or noir, puits de pétrole et gros orages. Nous arrivons au Congo après vingt-sept jours de mer, contents de finir seconds.

Avec le même sponsor et le même bateau, nous préparons la Transat Jacques Vabre à La Trinité. Retour chez notre bon docteur. Presque rien n'a changé, on prend les mêmes (un peu moins nombreux), et on recommence dans la même ambiance pour fêter mes cinquante ans, un tout petit peu en avance, pour ne pas nuire à ma bonne forme le jour du départ. Toujours avec mon compère Lucky, toujours en double Avec lui, c'est facile : pas besoin de se parler (ça tombe bien, il n'est pas bavard), on se connaît tellement… Le rythme de la course en double reprend naturellement : on se relaie sur le pont, on se croise, de temps en temps, pour un petit apéro à l'eau gazeuse, lorsque les conditions le permettent. La route est longue, alors nous réservons aussi pour les grandes occasions quelques bonnes bouteilles.

Après avoir franchi une seconde fois le Pot-au-noir dans la même année avec *Deep Blue*, je suis contente d'arriver à Salvador de Bahia, où je compte traîner un peu. Marie m'y rejoint. Vu ses résultats scolaires, autant qu'elle monte à cheval sur les plages désertes du Brésil ! Nous rentrons juste pour repartir à Val-d'Isère fêter Noël, comme tous les ans depuis qu'elle va à l'école. Pauvre petite Marie… Et je libère enfin Marie-Claude, qui n'a pas beaucoup vu sa Bretagne en 2007, car la mer m'a pris beaucoup de temps.

Le retour est un peu dur. Mon sponsor, Deep Blue, ne me suit pas pour la Transat anglaise en solitaire, à laquelle je voulais participer sur notre petit quarante-pieds. « Manque de retombées médiatiques dans cette classe ! » J'avais pourtant envie de renouer avec la brume de l'Atlantique Nord et ses dépressions…

18

Aujourd'hui, demain peut-être

(2008-2009)

Difficile. Plus de bateau, plus de sous, plus de galerie. En ce début d'année 2008, je décide de me mettre à écrire ce livre. J'ai cinquante ans et envie de faire le point. Ma fille est grande et belle, mais elle a encore besoin de moi, elle qui est en pleine adolescence. J'ai mal au dos, aux épaules, aux os, partout. Trente ans de mer, ça use… Trente ans à tirer sur les ficelles et sur *la* ficelle. Le bon Dieu m'a donné une bonne nature, une bonne endurance. Je suis souvent partie en mer blessée, mais je n'ai jamais renoncé. J'ai quand même des cicatrices partout. Une petite année de relâche me fera du bien.

Les projets, ce n'est pas ça qui manque. Mais je suis un peu lasse de chercher des sous, lasse de cet éternel recommencement, de cette chasse au sponsor, celui qui me permettra de repartir, de remettre les voiles. Courir les bureaux n'a jamais été mon fort, je ne suis pas très douée pour me vendre et justifier les retombées de mes résultats. Je déteste la question « Qu'est-ce que ça va nous rapporter ? » Un jour, j'ai répondu au staff de Citroën que mon sponsor Pierre Ier était cité dans le dictionnaire à la page « Voile », alors que je n'avais pas vu Citroën à « Voiture »... Ils ne m'ont jamais rappelée. Les sociétés préfèrent les gens plus « lisses », plus dans les rangs.

On me dit : « Avec le nom que vous avez, ce doit être facile de trouver un commanditaire ! » Les gens ne m'ont pas totalement oubliée, même si depuis plus de dix ans je cours dans des catégories moins médiatiques. On me dit : « Oh, qu'est-ce que vous ressemblez à Florence Arthaud ! » On m'a même déjà suggéré de faire le sosie – c'est paraît-il un bon petit boulot. Et on m'a dit aussi : « Vous lui ressemblez vraiment, mais vous êtes mieux qu'elle. Elle fait *tapée*, même quand elle est maquillée à la télé. Elle est marquée. »

On me demande aussi si je navigue encore. Chaque année, au départ des courses, j'ai droit à « Florence Arthaud, le retour ! », comme si j'avais disparu de la circulation. Mais toutes ces années, j'étais sur l'eau... Mais sur de plus petits bateaux, ou pour des événements moins médiatiques.

De la Fiancée de l'Atlantique
à la Vieille Dame de la mer

On se croit immortel, invincible, mais les années vous rattrapent un jour. On se sent vieillir, flétrir. Le regard des hommes sur vous change, sans que l'on y soit préparée. On a commencé à m'appeler Madame, et cela m'a fait rire. J'avais l'impression, avec une certaine fierté, que l'on s'adressait à ma mère, *Madame Arthaud*. J'étais sans doute devenue une dame respectable, et j'espérais rester désirable. On me mettait moins la main au cul – tant mieux, ça me faisait des vacances, peut-être allait-on me remarquer pour mon intelligence ? Mais l'esprit ne remplace pas les formes.

C'est quoi, au juste, une vieille dame respectable ? Je suis à peine sortie de l'adolescence que j'ai eu bien du mal à quitter. J'ai l'impression de vieillir avant même d'avoir grandi. Espérons que l'âge m'ouvre les portes de la sagesse et me fasse découvrir les trésors cachés de la vie ! Les années défilent, les décennies…

Je suis en train de fouiller dans les tiroirs de ma mémoire, d'en racler les fonds pour vous raconter mon histoire. L'histoire d'une femme qui aimait la mer, tout simplement. J'ai eu beaucoup de chance, de pouvoir accomplir mes rêves, d'occuper toutes ces années folles avec toute la fougue et l'enthousiasme de la jeunesse, sans penser aux points retraite.

Et d'ailleurs, c'est quoi la retraite ? Sébastien Loeb aimerait bien, a-t-il dit, après avoir été six fois champion du monde de rallye, faire de la formule 1 pour occuper sa retraite. Moi, j'ai commencé par la formule 1 – des mers – ; alors je fais quoi pour ma retraite ?

Je n'ai jamais fait de plan, de prévisions, j'ai dévalé les pentes de la vie à fond tout le temps. Pas de temps mort. J'ai tout fait avec passion, j'ai vécu outrageusement. J'ai tout donné. J'aime le risque, les excès, la peur, j'aime me brûler le bout des doigts ou des ailes. J'aime les extrêmes et je me plais à tester mes limites. Ma devise pourrait être celle d'Oscar Wilde : « On peut résister à tout, sauf à la tentation. » Comme une ado, j'aime les sensations fortes, je fuis l'ennui et la banalité, le quotidien et tout le tintouin.

J'ai tout eu. De l'amour, des histoires d'amour, de belles amitiés, j'ai connu des êtres formidables, grands, courageux, romanesques. J'ai profité de cette époque extraordinaire où les femmes ont gagné leur liberté – pilule, avortement, *Peace and Love*.

Je me suis même mariée ! J'ai voulu essayer. J'avais en moi ce rêve de petite fille. Fête extraordinaire à Porquerolles, trois cents personnes pendant trois jours, joli rassemblement d'amis et de marins. Dans les vignes, on ne peut manquer de rien ! Et la fête a continué à la Madrague, mon petit quartier d'adoption à Marseille, pour les survivants, les plus coriaces. La fête fut longue et joyeuse, le mariage, lui, ne joua pas trop les prolongations. Je n'ai pas de talent pour la vie de couple. Je voulais juste me marier tout en gardant ma vie de pirate. Difficile à faire entendre, et ce mariage fut un naufrage, avant même le voyage de noces prévu aux Seychelles. Isabelle y remplace ma « moitié ». La réceptionniste de l'hôtel l'appelle parfois « Monsieur Arthaud » – elle a la voix grave. Mon mari, lui, est en mer quelque part sur *Kriss*, pas loin, dans l'océan Indien. Mais où ?

Après toutes ces années, je suis toujours en perpétuelle recherche d'amour. Je l'ai connu, entrevu, découvert, j'ai entrouvert sa porte (en fait, elle était grande ouverte, et je ne l'avais pas vu). J'aime avoir le cœur en émoi. J'aime les palpitations de l'émotion. J'aime être déroutée, surprise, séduite, conquise. J'ai cherché à embellir mes jours et mes nuits, j'aimais les contes de fées. Mais comme dit la chanson : « Les histoires d'amour finissent mal, en général... » Sœur Emmanuelle a préféré aimer Dieu qu'avoir un mec à la maison, pour un bonheur sans faille. Mais qu'est-ce que le bonheur exactement, sans prendre le voile ? « Je ne suis pas vraiment heureuse, mais ça ne me rend pas particulièrement malheureuse. » On fait comme on peut. On traverse les âges de la vie avec un peu ou beaucoup d'allégresse et de légèreté.

J'ai été élevée chez les bonnes sœurs, j'en ai retenu les bonnes paroles de Jésus. « Aimez-vous les uns les autres », « Que celui qui n'a jamais péché lui jette la première pierre », « Aimer, c'est pardonner »... Ces phrases m'ont guidée et soutenue toute ma vie durant, jusqu'à maintenant. Sans que j'arrive très bien à les appliquer, mais j'essaie, je m'y efforce, de mon mieux, à ma façon. Je suis loin d'être une sainte. Ça se saurait !

Mais imaginez être seule en mer, loin de toute âme qui vive, désespérée, dans une tempête, au bout du monde, en panne de radio, sans pouvoir parler à personne. Même un athée téléphonerait au bon Dieu ! Parfois, j'invoque tous les dieux de l'Antiquité. Celui de la mer, celui du vent – tous les dieux sont bons. Ma grand-mère disait : « Mieux vaut s'adresser au bon Dieu qu'à ses saints. » Pas d'accord ! Je prie tout le monde. Même sainte Rita, la sainte des causes désespérées...

Mon étoile me protège, et je tutoie le bon Dieu. J'essaie de ne pas oublier de le remercier lorsque je lui demande une petite faveur. Il est très sollicité, voire débordé. Lorsqu'il exauce mes vœux, il a sûrement d'autres chats à fouetter. Mes petits malheurs ne sont pas grand-chose par rapport à la misère du monde.

Je risque ma vie, donc... Pour un maigre salaire, mais plus près de toi mon Dieu, je me sens appartenir à ce cosmos dont personne ne cerne les limites infinies. Chaque jour est un jour nouveau, comme un sursis, comme une nouvelle vie, une nouvelle aventure. Chaque matin, tout recommence avec autant de piment.

Mon boulot était sur l'eau – pas mal comme bureau ! Pas de patron, pas d'horaires, j'ai vécu au rythme de la mer. Elle m'a donné de sacrées leçons, mais elle ne m'a jamais vraiment grondée ni punie. Je l'ai échappé belle. Il faut dire que je me suis tenue à carreau.

J'ai couru après la liberté, j'en ai trouvé l'illusion ; j'ai recherché la solitude, j'en ai bien profité. Rien n'était virtuel, même si tout semblait un peu irréel. Mes rêves n'avaient rien d'utopique, n'étaient pas des mirages.

En regardant derrière moi, il ne me reste que de bons moments, de belles images, un joli décor. Je pourrais faire un concours de points de suture, mais la vie m'a donné une santé formidable et une féroce volonté. Je pense toujours que rien n'est impossible, et que sans être immortelle, je suis increvable. En tout cas têtue, et on ne me fait pas lâcher le morceau comme ça !

Mon voyage aujourd'hui est immobile, il ressemble à de la rêverie. Je vis au bord de la Méditerranée, c'est comme si j'étais en voyage. Les bateaux croisent sous mes fenêtres vers les lointains.

Un vent de liberté

Un jour, j'aime rester accoudée à ma baie vitrée et écouter la mer, le vacarme des vagues qui assaillent la digue du port, le vent hurlant qui maltraite le Marseillais médisant sur le mistral. C'est mieux que la télé, pas besoin de zapper : il n'y a qu'une chaîne, et c'est toujours bien. Je suis devenue une vraie concierge de la rade de Marseille. Rien ne m'échappe !

Le lendemain, j'en ai assez de rester là, assez de regarder la mer. J'ai envie d'aller dessus, d'être sa passagère, qu'elle me prenne dans ses bras et me raconte encore de belles histoires. Que le ciel envahisse mon regard. Que la lune éclaire mes nuits.

Cet ouvrage a été imprimé par

CPI
Firmin Didot

Mesnil-sur-l'Estrée

pour le compte des Éditions Flammarion
en mai 2009

Composition et mise en page

NORD COMPO
multimédia

Imprimé en France

Dépôt légal : mai 2009
L.01EBNN000163.N001 - N° d'impression : 95117